高职英语
教育探索与实践

龚虓虓 著

ENGLISH

延吉·延边大学出版社

图书在版编目（CIP）数据

高职英语教育探索与实践 / 龚虓虓著. -- 延吉：延边大学出版社，2024.9. -- ISBN 978-7-230-07270-0

I. H319.3

中国国家版本馆CIP数据核字第2024MU5661号

高职英语教育探索与实践

著　　者：	龚虓虓
责任编辑：	翟秀梅
封面设计：	文合文化
出版发行：	延边大学出版社
社　　址：	吉林省延吉市公园路977号　　邮　编：133002
网　　址：	http://www.ydcbs.com　　E-mail：ydcbs@ydcbs.com
电　　话：	0433-2732435　　传　真：0433-2732434
印　　刷：	廊坊市广阳区九洲印刷厂
开　　本：	710毫米×1000毫米　1/16
印　　张：	13
字　　数：	200千字
版　　次：	2024年9月第1版
印　　次：	2024年11月第1次印刷
书　　号：	ISBN 978-7-230-07270-0
定　　价：	78.00元

前　言

随着全球化的不断深入和中国经济的快速发展，高等职业教育作为培养高素质技能型人才的重要阵地，其地位和作用日益凸显。英语作为国际交流的通用语言，在高职教育体系中占据着举足轻重的地位。高职英语教育不仅关乎学生语言能力的提升，更与他们的职业能力培养、综合素质提高以及未来的职业发展息息相关。因此，对高职英语教育进行深入探索与实践，不仅是教育发展的需要，更是时代赋予我们的使命。

本书正是基于这样的背景应运而生。在编著过程中，我们广泛搜集了国内外关于高职英语教育的最新研究成果和实践经验，结合我国高职教育的实际情况，进行了深入细致的分析和总结。高职英语教育不同于普通本科英语教育，它更加注重实用性和职业性，强调语言技能与职业能力的有机结合。因此，在本书的编写中，我们始终坚持以职业能力培养为核心，以有效教学策略为手段，以信息化教学为支撑，力求构建一套符合高职教育特点、满足学生实际需求的教学体系。

本书的内容丰富，从高职英语教育的概述到具体的教学实践策略，再到基于职业能力培养的教学探索，以及信息化教学、混合式教学等前沿教学模式的介绍，最后落实到教学评价与展望，形成了一个完整、系统的框架。每一章都凝聚了我们对高职英语教育的深刻理解和独到见解，旨在为读者提供一个全面、深入的视角，帮助他们更好地把握高职英语教育的本质和规律。

本书是一本集理论性、实践性和前瞻性于一体的著作，旨在通过对高职英语教育的全面剖析和深入研究，为教育工作者提供一套系统、科学、实用的教学参考，同时为学生指明一条高效、便捷的学习路径。它不仅是对高职英语教育的一次全面总结和深刻反思，更是对未来发展方向的积极探索和前瞻预测。

本书在撰写过程中，参阅了大量的文献资料，引用了诸多专家和学者的研究成果，在此表示最诚挚的谢意。由于作者水平有限，书中的不足之处，敬请读者批评指正。

目 录

第一章 高职英语教育概述 ·· 1
- 第一节 高职英语教育现状分析 ······································ 1
- 第二节 高职英语教育的四大焦点 ···································· 9
- 第三节 高职英语教学改革的理念与方向 ······························ 14
- 第四节 高职英语教学的新要求 ······································ 24

第二章 高职英语有效教学实践策略 ······································ 45
- 第一节 高职英语教学中的有效教学策略分析 ·························· 46
- 第二节 高职英语教学中有效教学策略的应用 ·························· 62
- 第三节 高职英语教学中有效教学经验总结 ···························· 77

第三章 基于职业能力培养的高职英语教学 ································ 84
- 第一节 职业能力体系的概念 ·· 84
- 第二节 高职英语职业能力培养体系的内涵 ···························· 91
- 第三节 职业能力培养视角下高职英语教学改革 ························ 95

第四章 高职英语信息化教学 ·· 103
- 第一节 信息化教学模式的内涵 ······································ 103
- 第二节 信息化教学环境下的英语学习模式 ···························· 116
- 第三节 信息化教学环境下的英语教学方法 ···························· 120

第五章 高职英语课堂混合式教学 ·· 132
- 第一节 手机移动学习的英语混合式教学 ······························ 132
- 第二节 基于O2O模式的高职英语混合式教学模式 ······················ 137

第三节　高职英语国际音标翻转课堂混合式教学 …………………… 142
　　第四节　高职英语翻转课堂混合式教学模式 ………………………… 148

第六章　高职英语教学评价 ……………………………………………… 155
　　第一节　教学评价的发展与影响 ………………………………………… 155
　　第二节　高职英语教学多元评价 ………………………………………… 160
　　第三节　高职英语信息化教学与积分式评价 …………………………… 165
　　第四节　高职英语信息化学习效果评价 ………………………………… 174
　　第五节　高职英语动态多元化教学评价体系的构建 …………………… 177

第七章　高职英语教育展望 ……………………………………………… 185
　　第一节　高职教育体系的完整发展 ……………………………………… 185
　　第二节　高职英语教学模式和评价方法 ………………………………… 192

参考文献 ………………………………………………………………………… 200

第一章 高职英语教育概述

第一节 高职英语教育现状分析

一、高职英语专业的培养目标和社会意义

高等职业技术教育（以下简称"高职教育"）作为我国高等教育的重要组成部分，与普通高等教育构成我国高等教育的两支大军。它们具有很多的相同点，如教育层次基本相同、教育的政治取向一致、教育教学的基本原则相同、教师的基本要求相同、学校管理原则基本相同。但是，高职教育与普通高等教育在培养目标、培养特征、专业设置、课程开发、授课方法、教学条件、师资队伍、招生制度、教育形式、管理架构等方面存在很大的差异，其中最突出的就是它们的培养目标不同。普通高等教育是以学科为本位，培养的是学术型、理论型、工程型等专业人才；而高职教育是以能力为本位，培养的是技术型、智能型、复合型等应用型人才。

高职英语专业是培养具有良好的综合素质和英语听、说、读、写、译的能力，具备较丰富的英美文化知识，熟悉和掌握一定的专业基本理论和方法，适应涉外工作的高等应用型专业人才。也就是说，高职英语专业要培养具有良好的英语应用能力和英美文化知识，又具有专业知识的技术型或应用型人才，这与本科培养的学术型和工程型人才有所不同。高职英语专业学生除了具有良好的思想道德素质和身心素质外，他们的文化素质是以英语知识为基础的，虽不要求学生像学术型人才那样掌握高深的理论知识，但要求掌握大学专科层次必须具备的理论知识和"基础学历"，同时具有相应的其他专业知识，以便与一个高级的应用型、技能型人才的知识储备和国民素质相适应。

虽然学术型、工程型与技术型、应用型人才都处于高等教育的文化背景和素质平台之上，同属于高层次的人才，且都在自己的专业领域具有较强的创新能力，但高职英语专业培养的技术型或应用型人才，相对普通高校英语专业培养的学术型人才而言，他们程序性知识娴熟，操作性技能高超；他们擅长于实践，动手能力强；他们能把课程中学到的理论知识应用到工作实践中。而且，高职英语专业培养的应用型人才在听、说方面的能力尤为突出，同时他们还具有一定的其他专业知识，如商务、旅游、交际、外贸、文秘等，能更快地适应工作岗位的需求。由此不难看出，高职英语专业作为普通高等英语教育外延的拓展，是一个新兴的重要类别，它与普通高等英语教育互补共存、不可或缺，其培养的应用型人才特色鲜明，与普通高等英语专业培养的学术型人才各有所长，都为社会所需要。同时，高职英语教育直接与生产、管理第一线相联系，为社会发展服务，为经济发展服务，为中华民族在新时代的腾飞造就大批素质优秀的外语人才。

二、高职英语专业与普通英语专业的区别

大部分普通高等院校和高等职业技术院校都开设了英语专业。高职英语专业与普通高校英语专业有着密切的关联，但是他们又各具特色，不尽相同。高职英语专业与普通高校英语专业在教学层次上存在显著差异。高职英语专业学生在入学时，认知英语单词与高职非英语专业学生基本相同，为1000至1600个；而普通高校英语专业的学生在入学时就已掌握了不少于2000个单词。学习者起点不同，教学要求也不同。完成教学任务后，学生在听、说、读、写、译各方面所达到的程度也大不相同。大部分普通高校英语专业要求学生通过全国英语专业四级和八级统一考试，而对高职英语专业学生没有做统一要求。不同的高职院校对英语专业学生有不同的要求，有的要求通过全国统一的非英语专业四级或六级考试；有的学校要求通过全国英语能力A级考试；也有学校鼓励学生参加国际语言考试，如托福（TOEFL）、雅思（IELTS）等，并设定一定的分数线以获取毕业资格。

除了教学要求不同外，高职英语专业与普通高校英语专业在教学目的上也大不相同。对国内十余所高校所开设的"英语专业"调研发现，它们的专业培养目标大同小异，基本上都是"培养通晓英语语言及英美国家文学、社会、历史，能在外事、文化、新闻出版、教育、科研、经贸、旅游等部门从事翻译、研究、教学、管理工作的英语高级专门人才"。由以上目标不难看出，常规的本科英语专业培养的是通用型外语人才，没有针对社会某些相对固定的岗位（群）需要而设定人才的规格，英语对于毕业生将来从事的工作岗位来说仍然只是一个工具。在课程设置上，以学科的理论体系为框架设置课程，组织教学，强调知识的系统性、完整性。普通本科院校的英语专业沿袭着传统的"公共基础课英语语言课"的套路，设置的课程主要有：英语精读、口语、英语语法、英语写作、笔译、口译、跨文化交际、英语语言学、英语词汇学、英语修辞学等。高职英语专业设立的应用英语、商务英语、旅游英语和英语教育四个英语专业与普通本科院校的英语专业在培养目标、人才培养模式、社会就业等方面存在很大的差别。大部分高职英语专业的培养目标是："培养较高层次，德、智、体、美全面发展，具有较扎实的英语语言功底和较强的英语交际能力，具备一定的专业基础知识和业务能力，能运用英语从事商务活动、外事活动、旅游接待、英语教育等工作的高等应用型专业人才。"从该培养目标可以看出，高职英语专业培养的人才已经将商务、外事（应用）、旅游、教育等专业与英语有机结合，其培养的人才具有较强的岗位针对性。高职英语人才由原来的"通用型"人才，变成了目前的"应用型"人才。

在课程设置上，高职英语专业以职业综合能力为中心，以岗位（群）所必备的知识、能力和品格为依据开发课程，课程内容突出适合性和针对性。英语基础课以"必需、够用"为度，强调教学以技能实践和实用训练为主。大部分高职英语专业课程都是采用综合的形式，课程主要由英语、专业和综合实训三部分构成。而且为了突出专业和英语两个强项，在课程构成上英语课程和专业课程都占了相当的比例，学生在这两方面达到"了解总体、掌握基本、简单操作"的水平。高职英语专业学生对于所学知识的要求是"实用为主、够用为辅"，学校所开设的主要课程除了综合英语、英语听说、口语、听力等英语课程外，还开设了大量的专业课程和综合实训课程，如商务英语专业开设了商务英语、国际贸易实务、国际金融、商务模拟、商务文秘等专业和实训课程。在教学方法上，大部分高职院校的英语专业都注重学生英语交际技能、专业应用和业务能力的培养。课堂上除了传授知识外，还加强了课堂的互动。课堂教学的主体由教师变成了学生，教、学、做合一，手、脑、机并用。学生的教学实践得到了加强，无论在课堂教学中还是在实训室，学生都有大量的机会开展操练和实训。除此之外，大部分高职院校还安排学生定期到企业实习、到交易会等场所进行业务实习，以加强学生的动口、动手能力。从目前就业状况看，高职英语专业学生就业定位主要是：涉外型或外资型公司的文员、秘书、外贸业务人员等。同时，高职英语专业学生除了毕业证（学历证）以外，还持有各类职业资格证书。学生就业心态较好，社会需求旺盛。

从以上的分析可以看出，高职英语专业和普通高校英语专业在某些方面有共同之处，如开设的某些课程，都是从培养目标、课程设置、教学方法和教学安排等多个方面着手。高职英语专业突破了传统本科英语专业课程单一的不足，为学生拓宽了知识领域和发展空间，同时针对学生的技能培养增加了大量的实训，有利于学生所学知识的融会贯通，有利于学生应用能力、实用能力的培养与提高，有利于培养基础扎实、机智灵活、求实创新的新时代复合型、应用型人才。

三、高职英语专业的社会需求

普通高校专业建设的一般指导思想是"以学科建设为基础、以基础学科专业为依托、以社会需求为导向、以课程建设为核心"，专业建设中尤为注重学科的建设和发展，这与它主要培养理论型、研究型人才的培养目标是相契合的。相对而言，高职教育专业具有更大的可变性和开放性，更容易受到市场变化的影响。这主要是由于高职教育培养的是高等应用型技术人才和管理人才，较之理论型、研究型人才，这类人才与一定区域的市场、职业、行业、产业、技术等有着更直接、更紧密的关联，其专业具有较强的职业定向性和针对性，其专业设置是以市场需求为导向。所谓以市场需求为导向，就是面向区域和地方经济发展，面向生产、服务与管理第一线设置专业，将当地产业结构和社会人才需求的变化趋势作为确定专业体系主体框架的依据。高职教育的专业设置与专业结构，虽然不能完全准确地反映社会职业需求，但高职教育的专业类别与设置越来越贴近经济社会的需求，大体上折射出了产业结构调整和社会职业需求的变化趋势。从另一个方面来看，社会人才需求决定了高职各类专业的生存和发展。高职英语专业也不例外。

国际电话中的交谈，有85%是用英语进行的；全球四分之三的邮件、电传和电报用的也是英语。英语更是国际商务活动中使用的通用语言。因此，国际贸易、外语类专业需求趋热，增幅较大。经济活动的频繁使很多企业急需大批精通外语、贸易、法律的复合型谈判人才，这也是外语专业毕业生普遍看好的发展方向。从社会需求上看，许多政府部门、国际组织、外企和跨国公司以及大型国有企业等对复合型英语人才的需求量非常大。中国加入WTO后，对外语人才的需求在数量、质量、种类及层次等方面均提出了更高、更多的要求，尤其是具有深厚的语言文化基础、纯正的英语语音语调、系统的相关专业知识，具有用英语流利地进行国际交流和在对外贸易活动中的笔译能力，并能独立从事对外贸易、外事、交际、旅游等业务工作的人才；单一的阅读型和语言技能型人才，已远远不能满足社会的需求。

四、高职英语教师现状分析

（一）教师毕业院校和入职前工作性质

1. 教师最后毕业院校：师范类和非师范类

教师的最后毕业院校是否是师范院校，反映在师资队伍建设中一个突出的问题是：很多非师范类院校本科或者研究生毕业生，在学校读书期间没有接受较为系统的教学方法培训，没有进行系统的教育心理学课程和教育理论的学习，也可能没有教育实习经验，毕业后就到职业技术院校任教。他们到了英语教学岗位，教学活动大多凭自己感觉，一切凭自己摸索实施教学。因此，职业技术院校在师资队伍建设中面临一个重要的任务，就是建立针对年轻教师的"传、帮、带"机制，帮助年轻教师熟悉并掌握英语教学规律和特点。

2. 入职前工作性质经验：教学经验丰富，实践经验较欠缺

从企事业单位引进有实践经验的英语人才，是职业技术院校英语专业建设"双师型"英语教师队伍的有效措施。随着教师职业准入制度进一步完善和深化，这部分教师的数量必将越来越多。

高等教育大众化和社会对应用型复合人才的需求必然导致我国高等职业技术教育的快速发展，职业技术学院英语教育也将会高速发展。随着英语教育规模的进一步扩大，师资队伍建设问题也日益突出。从目前职业技术院校英语教师的来源上看，主要是招聘普通高等院校毕

业的本科生、研究生和曾经从事过企事业单位具有实际工作经验的英语专业人员，一些经济实力比较强的院校通过特殊政策吸引博士研究生，还有就是聘请兼职教师。加强英语师资队伍建设，尽快提高他们的职称、学历、教学水平、科研水平和实践能力，使他们快速适应职业技术英语教育需要和教学要求，是当务之急。

第二节 高职英语教育的四大焦点

如果说应用性主要讨论高职英语教育的教学目标，实践性焦点在于高职英语教育的教学过程和方法，实用性主要涉及的就是高职英语教育的教学内容以及与特定教学内容相关的一些教学特征。这样，高职英语教育的整体特征便呈现出来。

高职英语的实用性体现在英语教学内容与学习者所学专业的密切相关性，以及与学习者将来职业环境下英语交际的明确针对性，表现在以培养学习者学以致用的英语交际能力的终极目标上。所以，在很大程度上，高职英语教学还采用专门用途英语教学、专业教学法以及任务教学法的方法。这也构成了高职英语教学与普通英语教学的显著差异。

高职英语教育过去十年在教学理念、教学模式等方面都有所创新，它目前关注的四大焦点问题是：以话题为中心；使用原版语言；满足学习需求；培养学生的英语交际能力。

一、以话题为中心

高职英语教育主张以话题，而非语法为基准选用教学材料，使学习者更易学习，从而激发其兴趣，使学习者具有使用新的语言去成功做事的自信心和惊喜感。课堂实践是一种打破语法系统、以话题为中心的阅读和实践活动，话题内容不再是对基于语法内容的课程的点缀和补充，而且语法学习须与话题相关联，学习内容须由话题决定。

语言教育的目标就是为了避免人为地将专业与语言割裂。不幸的是，这种割裂存在于许多教学环境中，因为人们错误地认为，学语言等于学语法，意义只能通过翻译，或者第二者传达，学生必须在学习真正的专业之前流利地使用语言。许多人担心，以专业知识为重点教学会牺牲语言技能的培养。实验证明，语言学习没有被忽视。在高职英语教育中，语言与专业是相互作用的。

二、使用原版语言

慎重、有效地将原版材料引入课堂，这是高职英语近年来的发展趋势之一。有人担心使用原版语言会给学生增加学习难度，平添畏难情绪；也有人认为，有些词汇和语法本来就难学，所以应先学。实际上，分级课文比原版课文给学生带来更多的麻烦，而且人工语言课文并不能给学生提供真实的英语交际模式，它缺乏自然的语言积累，剥夺了学生理解的多重暗示。分级语言和人工语言很难有效地提高学生的语言能力。

如果材料是精心挑选的，学生又有图式知识作为铺垫（即相关的语言、专业、文化背景知识），如此，利用专业与上下文相结合的办法去理解信息，学生便会开发其他语境中的语言处理机制，最终提高英语水平。

高职英语教育的重要部分是如何对课堂活动分级，并运用多种教学策略，如有效利用上下文，循环或螺旋式使用已有信息，利用学生的背景或知识结构，使用协作方式和教学策略等。

三、满足学习需求

高职英语教育考虑到学生的语言、认知和情感差异，帮助他们作出相应的调整。同时，也满足学生的职业和个人兴趣需求。

（一）语言差异

由于学生内在的知识结构的差异，不同学生在语言特征、词汇、语法学习方面存在学习顺序以及内容取舍等方面的差异。例如，有些学生习惯于使用图式去推断意义，即猜测；有些学生习惯于求助教师、语法书和词典；还有些学生喜欢使用记忆法。

（二）认知差异

在认知层面上，不同学生有不同的学习风格，如有些视觉信息接受能力强，有些听觉学习效果好；有些善于演绎，有些善于归纳；有些注重整体，有些偏好局部；有些善于发现共通点，有些善于比较不同点；有些按顺序处理信息，有些平行处理信息等。课堂上的认知差异是无穷的，每一种学习风格都和学习策略有关，每个学生对任何一种教学策略的反应都是不同的。熟悉教学策略又了解学习风格的教师有得天独厚的优势，能帮助学生更好地学习原版专业材料。变换讲解演示方式是应对不同学习风格的基本策略之一。

（三）情感差异

有些学生在学习原版材料和真实案例取得成功时都会激发出极大热情，有些则不然；有些学生习惯于独自学习，有些学生付出努力就希望得到表扬；有些学生不喜欢教师的明显纠正，有些学生得喜欢教师的纠正，等等。优秀的教师应随时观察和分析学生的情感需求，尽量满足学生的情感需求。

教师在决定教学内容时，有学生的参与则具有极大的优势。学生参与选择话题和教学活动可使其有更好的学习动机，并使课程变化到更好地满足学生需求的轨道上来。况且，学生被采纳的主题和实践活动创造了一种自觉学习的氛围，极大地减轻了教师教学的负担，使教师更容易成为"学生学习的管理者"。

四、培养学生的英语交际能力

就广义而言，高职英语教育是语言教育的新坐标，这个新坐标的中心是培养学生英语交际能力，即在真实条件下与说母语者交际的能力。

为了使高职学生在新的文化背景下生存和工作，教师必须创造教室与所学目标语文化的直接联系，显然基于语法能力的教学是无法胜任的。

语言教育家斯蒂芬克拉申指出，外语学习早已超出了纯语言的范畴，它是一项涉及社会、文化和历史的综合性冒险。因为它是研究作为社会现实的语言的，所以传统的关于语言与文学、宏观文化与微观文化、语言能力与语言使用、普通教育与职业培训的界定，早已不像先前那样清晰。

高职英语教育将会成为最有效的外语教学途径。克拉克和特雷尔将专业性课堂活动，称为课堂上有效地向学生提供提高性输入的方式。同时，这种教学方式成功地向学生显示学习英语的优势，高度关注学生在语言学习中的分析和批评能力，鼓励学生继续提高语言技能。

高职英语教育模式和方法已经出现在世界范围内的许多外语教学场合，包括普通大学课程和语言学院课程中，都不同程度地取得了成功。

第三节 高职英语教学改革的理念与方向

一、高职英语教学改革的理念

（一）教学改革要"以人为本"

美国心理学家罗杰斯主张：教学要以人为出发点和归宿，教学的目标在于培养能够适应变化和知道如何学习的、有独特的人格特征而又充分发展的人，强调学生个性与创造性的发展。他提出了"以学生为中心"的教学模式和"以教会学生学习"为主的教学方法论。教育教学过程应根据未来社会对人的整体素质结构的要求以及人的个性特征，在学生培养与发展过程中进行有机整合，形成合理的素质结构，使之既能适应未来社会对学生整体素质结构的要求，又能满足学生个性发展的需要。

"以人为本"就是坚持人的自然属性、社会属性的辩证统一。在教学中坚持"以人为本"，就是把培养社会所要求的，具有全面素质的人放在一切教育活动的中心。教育的核心是人的本性的发展，是以人为对象的活动。未来教育的显著特征之一就是发展学生的主体性、主动性，促进学生素质的全面提高。

高职英语是一门综合教育课程，旨在打好学生的语言基础，培养学生用英语交际的能力，满足社会对新型人才的需求。"以人为本"的英语教学改革的重点就是改变学生的学习方式。在教学活动中，教师应以学生为中心，让学生全面参与、积极思考、自主学习，培养学生的自我意识、竞争意识和创新意识。

（二）加强人文通识教育

我国的高等职业教育在飞速发展过程中出现了一些亟须解决的问题，学生人文精神的缺失就是较为突出的问题之一。教育工作者应尽自己所能为改变这一现状作出努力。人文通识教育是通识教育的重要组成部分，而英语教学又是对学生进行人文通识教育的重要途径。高职英语课程已不只是单纯的语言技能课程，而是对学生进行人文通识教育的有效载体。

以英语课程为切入点对学生进行人文通识教育，并以课堂这一教学主阵地为依托，将良好的道德品质教育融入课程教学之中，将课程内涵从单纯的知识层面扩展到知识中蕴含智慧，合理调整课程的教学内容，在教学过程中融合各种教学方法，积极利用各种新的现代化教学工具，对人才的培养目标重新定位，提出以实施通识教育为理念、以培养学生的人文精神为教育目标的课程框架十分有必要。

（三）突出"能力本位"

高职英语教学改革要改变传统的教学方法，提高教学质量，就需要突出"能力本位"理念，使高职英语教学从单纯的传授知识转变为培养学生的综合应用能力。为此，我们必须在课型转变、教学内容转变、考核体系和方法转变等一系列问题上进行全面变革。能力本位的价值取向，与"双证制"或"多证制"的要求在本质上是一致的，并直接影响到学生将来的就业。高职英语教学过程中突出"能力本位"，以培养学生实际运用语言的能力为目的，在强化教学的实用性和针对性的过程中，增强适应职业岗位的职业能力，满足学生就业和社会用人的双向需求，这是高职英语教师今后教学改革的主要任务和努力方向。

（四）坚持"工学结合"

高职英语教学应以"工学结合"为理念开展，在课程体系、教学管理、资源库建设、考核方式等方面与以就业为导向的"工学结合"人才培养方式相辅相成。《国务院关于大力发展职业教育的决定》中明确提出，要"大力推行工学结合、校企合作的培养模式。与企业紧密联系，加强学生的生产实习和社会实践，改革以学校和课堂为中心的传统人才培养模式"。

高职英语课程体系改革的基本方向应该将公共英语教学内容与行业英语教学内容结合起来，使常规的公共英语教学既能满足一般的英语应用能力培养，又能兼顾各专业和行业不同的实际需要，实现公共英语教学内容与专业需求的有机结合。基础英语的教学设计既应考虑满足学生一般英语基础的巩固和提高，兼顾听、说、读、写、译；又要将英语基础知识与学生所从事专业和所涉及行业知识整合到英语课程设计之中，体现高职英语的职业性和应用性，符合就业导向的高职教育办学方向。

（五）服务于学生终身发展

高职英语在强调"实用为主""够用为度"的同时，还要兼顾学生的综合素质培养和可持续发展。社会经济发展迅速，经济结构变化对人才素质的要求在变化，对英语能力的要求也在变化。高职院校英语教学改革应充分考虑这一点，构建英语学习资源库，培养学生的自主能力，为学生创造英语学习氛围，为他们的终身学习和可持续发展提供条件。

终身学习是终身教育和社会化学习相结合的产物，是21世纪最重要的学习理念之一。高职英语教学应在培养学生自主学习能力的同时，充分重视学生协作学习能力和创新学习能力的培养。高职英语教学改革的最终目标不仅是培养学生语言实际应用能力和自主学习能力，更关注培养学生的终身学习能力。

（六）融入职业教育理念

教育部职业教育发展中心姜大源教授在总结世界职业教育三十年的发展历程后认为，工作过程是职业教育课程实践与理论整合的依据，职业教育的课程应该从工作岗位、工作任务出发。马树超教授也指出，中国特色的高职教育必须融入产业、行业、企业、职业和实践要素。因此，无论从学术角度还是行政角度来看，职业性都代表着高职教育改革的方向。作为职业教育重要基础课程的公共英语，必须摆脱本科公共英语学科知识结构的影响，顺应基于职业教育理念的高职公共英语教学改革的潮流。

高职英语教学应从教学目标、课程设置、教学模式、教学评价、教学管理、教学环境、教学材料和改革效果等方面开展基于职业教育理念的高职英语教学改革。近几年为反映社会发展对英语的新要求，适应我国高职教育发展的新形势，已经有很多高职院校陆续开展了自下而上的英语教学改革，在继承英语学科教学理论的同时，逐渐融入职业教育的理念，取得了明显的改革效果。

二、高职英语教学改革的方法与策略

（一）转变教学观念，强化改革意识

高职教育改革的方向之一就是由应试教育向素质教育转轨。学校要充分认识教学改革的重要性和必要性，积极支持教师进行教学改革，加大校本研训力度，重视教师的继续教育工作，想方设法为教师进行教学改革创造有利条件。

教学改革的关键在教师，教师是实施课程改革的关键。新型的教学

活动不再是教师单纯地向学生灌输知识,学生被动学习的过程,而是师生之间交往沟通的互动过程。教师与学生的关系应是民主平等的和谐互动关系,教师要与学生平等对话,真诚交往,共同探求知识,交流心得体会,促进学生自主学习。教师应该把传统教学与新课程改革有机地结合起来,要给学生足够的思考空间,鼓励学生自主探究、合作学习。

(二)加强校本培训,提高教师素养

良好的师资队伍是高质量教学效果的保证。高职英语教师队伍建设可从四个方面着手:第一,英语教师应结合所教的专业主动拓展自己的背景知识,了解该专业工作场所对英语的要求。第二,学校应鼓励英语教师到行业、企业走访,了解工作环境中英语运用的真实状况以及社会对毕业生素质能力的要求,根据调研得出的岗位需求有针对性地调整课程结构和内容。第三,引进具有实践能力和较高理论水平的高素质人才来充实英语教师队伍,完善师资结构。第四,聘请企事业单位英语水平较高的专家担任兼职教师,以便学生及时掌握行业企业发展所需的最新知识。

教师是课程改革的实施者,教师的教学素养直接影响课程教学的实施质量。课程改革成功的关键在于教师。要使教师能很好地适应新的课程体系,关键要转变教师的教育观念,更新教师的知识结构,完善教师的教学行为。学校应结合校本培训，继续加强对教师的专业理论培训，积极为教师提供多种学习、培训的机会。为了更好地推进英语的教学改革，提高教师的自身能力水平刻不容缓。第一，应注重教师的精神素质提升。教师要有乐教精神、敬业精神及良好的个性品质；教师的言行举止要大方从容，要胸怀宽广，能虚心听取他人意见。第二，注重教师的专业素质提升。教师应具备扎实的专业知识和广博丰富的社会知识。第三，注重教师的语言素质提升。教师语言表达能力的高低直接影响着教学的效果和质量。教师的语气、语速、音量、音质等都直接影响着口语表达效果。因此，教师应在语言表达上下功夫。第四，注重教师的情感素质提升。教师应不断了解、研究新时期学生的各种知识需要和情感需要，并科学对待、正确引导。教师还应努力培养高尚的师生之情，只有以心换心、以情激情，才能赢得学生的信任和喜爱，学生才会乐于参加教师组织的各项活动。

（三）改善学校的软硬件设施，提升教学质量

很多高职院校都面临软硬件设施严重不足的状况。改善学校的软硬件设施，就要加大投入，以确保课程改革的全面实施。随着科技的不断发展，网络越来越受到人们的青睐，高职院校应加快学校信息化网络建设，丰富课程资源，拓展资源库容量，以教育的信息化带动教育的现代化，为课程改革的顺利实施提供信息资源和技术方面的保证。

学校应加强教学流程管理，提高教学质量。学校课程改革领导小组成员要经常深入课堂，了解教师在课程改革中存在的问题，及时组织相关人员对这些问题进行研究；同时，针对课程实施中出现的新情况，进一步完善原有的教育教学常规制度，细化各岗位职责，注重管理的实效。

（四）明确教学改革要求，优化教学内容和过程

为了明确教学改革的方向，学校应对高职英语的性质、地位、作用要进一步统一认识，对英语教学中存在的问题应进行从现象到本质的深入剖析。

首先是调整教学内容。高职院校应结合社会对英语人才的实际需求，因地制宜地加大校本课程的开发力度；改变教学内容"繁、难、偏、旧"和过于注重书本知识的现状，加强课程内容与学生生活、现代社会和科技发展的联系；关注学生的学习兴趣和经验，促使学生把知识转化为能力。

其次是改革教学过程。在课堂教学中，学生的学习过程是一个有意识的心理过程。教师作为课堂教学的主导，需要适应学生的心理，使教学符合学生的认知规律和情感需求，达到教学过程的优化。一是优化师生关系。教学要使受教育者"学会学习"，而"学会学习"的能力，只有通过学习者不断地"学"的实践才能获得。二是优化教学方法，

这是优化教学过程的关键。教师要教学生"学会学习"，要让学生自己掌握学习方法，成为学习的主人。学会学习，从本质上讲就是要使学生养成不断发现问题、提出问题、解决问题的能力和习惯。这种能力和习惯是需要学习者反复实践才能养成的，这种实践也是一个多层次的渐进过程。

高职教育以就业为导向，高职英语教学改革应构建以就业为导向的模块化教学内容体系，即英语基础知识整理和巩固模块、求职就业模块、专门用途英语模块。英语基础知识整理和巩固模块，主要是对学生已有的英语知识进行整理和巩固，加强应用能力培养，为就业、求职甚至专门用途英语的学习做好铺垫；求职就业模块，重点培养学生在就业和求职方面的口头交际能力和书面表达能力，使其具备必要的职场英语能力；专门用途英语模块，在高年级阶段开设，结合专业的需求做到学以致用、学用结合，真正体现高职英语的职业性。

（五）适应职场需求，突出实践教学

高职英语教学要改变传统的教学模式，适应不同专业学生的个性化学习，加强教学互动性。针对不同专业的学生特点以及未来的岗位需求实施任务教学，采用任务引领、头脑风暴、思维导图、教学引导和项目教学等行动导向教学法。例如，将每节课的教学目标分解为一个个小项目，项目中的主题与即将面对的职场活动息息相关，让学生在真实的环境中获取和应用英语知识，有效培养学习技能、合作能力和工作技能，从而激发学生学习英语的兴趣。

实现课内外教学相结合，充分开展各类英语第二课堂活动。简单的高职英语课堂教学已满足不了学生英语学习的需求，英语教学要转变为以学习兴趣培养和学习方法引导为主的教学，实现课内外教学相结合，充分开展英语第二课堂活动。例如，定期开展英语角活动，组织各类英语竞赛，开展英语话剧表演，欣赏英语电影，学唱英语歌曲，举办英语化装舞会，开展各类英语学习的培训课程或系列讲座等。

发挥高职院校实训基地的作用，加强学生职场英语技能训练。目前，高职院校开辟了大量的校内外实训基地，这些实训基地可以培养学生的专业素质，让学生掌握专业实践操作的知识和技能，培养学生处理信息、制定计划、小组协作、与人沟通等关键能力。同时，能够帮助学生感受企业文化氛围，在职业环境中培养职业道德。此外，还应该充分挖掘实训基地的其他功能，结合真实或仿真的职业环境积极开展英语教学活动，使学生的专业能力和英语应用能力综合发展，形成综合职业能力，以适应职场发展需要。

第四节　高职英语教学的新要求

一、英语教学要着眼于全人发展

在英语教学中，每位英语教师的教育理念应该是人本主义，充分发挥学生的主体作用，注重学生的全面发展，让学生具有持续学习的能力，为学生终身学习打下基础。

在知识经济时代，新的知识层出不穷，原有知识迅速更新，人们在生活与工作中会面临更多复杂的问题。全球一体化使人们的人际交往范围扩大、频率增加。学生要能在如此变化万千的社会中生存与发展，必须具备良好的素质，能灵活地运用学到的知识具体解决各种问题。同时，学生又必须不断地学习，不断地完善自己。

与其他学科教学一样，英语教学必须为培养这样的人才而努力，要着眼于学生的全面发展。英语教学的首要定位就是人的教育。在教学中，教师要注意激发和培养学生的学习兴趣，帮助学生树立自信心，形成有效的学习策略，养成良好的学习习惯。多年来，教师在英语教学中总是把帮助学生掌握英语知识放在首位，而忽视了学生的精神世界。实际上，学生强烈的社会责任感、严谨的治学态度、积极的情感都直接影响他们的英语学习。作为教师，在教学中要尊重学生，注重情感教学。

尊重学生，就是我们应该相信，每一个学生都蕴藏着极大的学习潜能，每一个学生都有自己丰富而独特的内心世界。英语教师应该与学生积极沟通，成为学生的朋友。如果与他们平等相处，通过改进教学，为他们提供充分发展潜能的机会，英语教学就会取得更大的成效。

尊重学生，就是我们也承认学生之间是有差异的。我们应该给每个学生提供平等的学习机会，针对他们的差异性提供切合他们实际的学习指导。哈佛高职院校教授霍华德·加德纳博士在他的《智力的结构》一书中提出了多元智力理论。这种智力理论对于教师认识学生的差异很有帮助。有教师在实际教学中参考国外的有关资料，把学生分为三大类，即认知学习型、情态学习型和生理环境反应学习型。不同类型的学生有不同的学习特点，这就要求教师在教学中采用不同的策略。实际上，在英语教学中，教师也会发现学生在英语学习中表现出来的差异，如女生长于记忆单词和语法，男生长于阅读思考；有的学生口头表达能力很强，有的学生善于书面表达。作为教师，在教学中就要根据所教学生的不同特点进行指导。

尊重学生，就是要充分发挥学生的主体作用。学生主体是指能动地参与教学活动的处于发展中的学生个体。学生主体和哲学意义上的一般主体在本质上是一致的，但它比一般的主体有着更丰富、更具体的内涵。在英语课堂教学中，教师要为每一个学生创造表现自己的活动环境，使每一个学生都积极地参与到教学活动中来，让学生在学习活动中发展自己的学习能动性、创造性、自主性和独特性。

尊重学生，是教师在英语教学中实行情感教学的前提。实行情感教学，最关键的就是形成和谐的课堂气氛。有专家指出，和谐的课堂交际气氛从某种意义上来说比好的教学方法更重要。课堂教学就是人的交际过程，有效的交际取决于和谐的课堂气氛。

要创造和谐的课堂教学气氛，教师首先要爱学生，给他们成功的机会。教师应该改变中国传统的重教师轻学生的师生关系，要以人本主义思想重新审视与调整师生关系。在教学中，教师要尽可能地提供学习空间，让不同的学生在学习过程中获得乐趣，获得满足感与成就感。当学生在课堂学习中能不断收获自己的学习成果时，他们的学习兴趣与积极性就会与日俱增。

要创造和谐的课堂教学气氛，还要注意情感交流。情感具有引动力、定向、激励和强化的作用，直接影响着学生对教学活动的参与，可以说情感是教学成功的"催化剂"。教师在教学过程中要灵活运用教学机制，激起情感共鸣，创造出民主、和谐的课堂氛围，定能达到事半功倍的教学效果。教师在课堂上应该表现出自己是一个强者，始终处于乐观向上的高昂的精神状态中，对学生满腔热情，用这种态度引起学生的积极情感。

要创造和谐的课堂教学气氛，要提倡宽容。中国学生学习英语，难免会犯各种各样的错误。过去，教师过于强调精确，学生在说英语时的每一点差错都会被教师及时打断并更正。正是这种过于"严格"的要求，使学生对英语学习产生了畏惧感，这也是许多英语课气氛沉闷的原因之一。在英语教学中，教师应该教育学生多使用英语，不要有错必纠，用宽容的心态对待学生。

二、英语教学要着重培养学生的综合语言运用能力

英语教学的目标是要培养学生的综合语言运用能力。而目前高职英语教学的一大误区就是，不少教师仍然把英语课作为纯知识课。课堂传授知识多，能力训练少。这样，有血有肉的课文情节被分散的语音和词汇教学所掩盖，对话教学也成了句型教学。

在新一轮课程改革中，国家推出的《全日制义务教育普通高级中学英语课程标准（实验稿）》指出，基础教育阶段英语课程的目标是培养学生的综合语言运用能力。综合语言运用能力的形成建立在语言技能、语言知识、情感态度、学习策略和文化意识等素养整体发展的基础上。

从以上表述可以看出：

1. 掌握语言技能是语言学习的主要目的

语言技能包括听、说、读、写四个方面的技能以及这四种技能的综合运用能力。听和读是语言的输入，也就是吸收的技能；说和写是语

言输出，也就是表达的技能。一个人运用语言的能力必须在吸收信息与表达自己的交际过程中得到提高。在英语教学中，听、说、读、写既是学习目的，又是学习手段。所以，教师在英语教学中，一定要引导学生通过大量听、说、读、写的实践，提高综合运用英语的能力。

2.学习必要的语言基础知识对于英语学习是有帮助的，它是形成能力的基础

我们反对把英语课上成语法课，并不是说我们就不必学语法。中国人学习英语，就应该掌握必要的英语语言基础知识。语言基础知识是语言能力的有机组成部分，是发展语言技能的重要方面。还需要注意的是，不要把学习语言基础知识作为课堂教学的唯一目的，不能把英语课上成语言知识课。

3.学生运用语言能力的高低是与他们的心理因素和学习策略相关的

心理因素不仅是影响英语学习的重要因素，也是人的发展的一个重要方面。英语教学一定要注重心理因素。一个人只有对英语学习抱着积极的情感，主动参与，善于配合，乐于进取，才可能把英语学好，才可能对英语学习保持一股持之以恒的热情与动力。即便在他离开学校后，都能用已经形成的良好学习习惯与求学精神去不断完善自己。学生学习英语的首要心理因素是学习动机，而促使学生产生英语学习动机的最核心因素就是对英语学习的态度、兴趣和情绪。学习态度是指学生对英语的评价及其相应的学习行为倾向；学习兴趣是指学生在

英语学习中表现出来的积极探究的认知倾向；学习情绪是指学生在英语学习过程中所具有的心理体验。因此，在英语教学中，教师一定要激励学生的动机，还要指导学生选择正确的英语学习策略。我国学生在 TOEFL 考试中之所以成绩优异，秘诀之一就是在准备考试的过程中，很好地掌握了命题规律与应试技巧。学习方法（包括应试技巧）就是充分运用智慧和智谋，也就是讲究学习策略。现在的教学提出以学生发展为本，提出要教给学生学习方法，实质上就是要讲究学习策略，以便在英语学习过程中提高学习效率。

三、英语教学要充分利用 IT 技术

IT 技术（Information Technology），即信息技术。信息技术主要包括传感技术、计算机与智能技术、通信技术和控制技术。近年来，IT 技术的迅速发展，极大地拓展了人类生存与发展的空间，极大地提高了人类利用和征服自然的能力，不同地域的人们之间的联系与交流也变得十分方便。IT 技术已极大地改变了人类社会生活的方方面面。同样，IT 技术也引起了教育的极大变革。利用 IT 技术改革传统的教学模式，让科学的教育理念和先进的教学手段走进课堂，是教育发展的必然趋势。

在英语教学中，许多教师都认识到了 IT 技术的重要性。他们利用 IT 技术，正在实现英语课堂教学中教育理念、教学内容和教学方法体

系上的全面突破。那么，IT技术在英语教学中应用的基本理念应该是什么？仅仅是追求教学方式层面上的变化吗？答案远非如此。笔者认为，IT技术在英语教学中应用的基本理念应该包括以下几方面的内容：

（一）使课堂成为充满活力与创意的学习场所，使学生成为主动学习者

这里包括两方面的问题：一是课堂教学技术层面上的问题；二是学生在英语学习中的主体作用问题。

多媒体技术、网络技术的普及为课堂教学改革提供了契机，注入了活力。英语教学应着力培养学生运用英语的能力上。如果能将学生置于一定的语言环境中（哪怕这种语言环境是人为的），让学生在一定的语言环境中领悟语言、操练语言、运用语言，效果一定会更好。传统的教学方法由于人力、物力、时间等方面的限制，无法充分地做到这一点。而运用IT技术，则可以把英语学习情景设计得生动活泼、富有创意。例如，教师利用IT技术制作光盘，图文声像并茂、形式活泼，学生在英语学习的过程中受到多种感官刺激，更有利于他们语言能力的提高。

运用IT技术，更能调动学生的学习积极性，发挥他们的主体作用。教师尽可利用计算机演示和学生的实际操作，发展学生的探究性学习，拓展学生的思维。例如，教师可以制作这样的课件：设计一间小房子和树、花、狗等物，让学生用鼠标拖动事物，放在房子内外的某个位置，

让初学者通过自己创设的情境练习 There be... 句型。学生在这种练习中充分地自我表现，其抽象思维能力与形象思维能力得到了同步发展，创新意识也孕育在他们的实际操作中。

外语教学的最终目的是把学习者培养成为成功的语言交际者和跨文化交际者。英语语言交际能力和技能的获得，必须通过大量的反复的语言实践。而一般的中国学生学习英语时缺乏真实的语言环境，缺乏充分的语言输入。

多媒体外语教学可以创设成模拟真实学习情境，学习者可以通过虚拟课堂讨论、角色扮演、游戏、实际实习和反馈等多种手段模拟现实课堂中的人际沟通方式。而网络更是可以提供一个完全真实的语言环境，如可以通过网络上的外语电台来进行英语听力训练，与外国人进行直接交谈，利用搜索引擎选择合适的英语精读与泛读材料，通过电子邮件与国际笔友进行交流等。真实的语言环境可以使学生在英语学习过程中尽量减少对母语的依赖，培养英语思维能力，激发自身的表现力和创造力，进行大量的语言输入和输出活动，从而有效地增强英语的实践能力。

（二）因材施教，鼓励个性发展

我们常说面向全体学生，实际上，我们面向的全体学生是由不同特点的个体所组成的。我们又常说课堂教学要"面向中间，照顾两头"，实际上，这三类学生的划分都是以书面测试成绩为依据的。在以往的教学中要真正做到因材施教是有一定困难的，故注重的多是"齐步走"。运用IT技术，则使因材施教、发展学生的能力有了更大的空间。

首先，IT技术的运用使英语课教学的空间形式发生了变化。很多学校的英语课都是在专用的电脑室上课。在这样的教室里，学生课桌的摆放不再是传统的式样，而是呈若干小圆形排列。教师巡回路线则是环绕学生，以利于指导。同时，教师从学生的后面或侧面与学生交谈，减少了师生面对面交流的距离感。学生没有坐在传统教室里的那种束缚感，其学习的主动性和个性特点更能在宽松的空间环境中得到发挥。

人机交互就是人与机器的互动。多媒体计算机的人机交互方式更是丰富多彩。这样的人机交互方式使学习过程不再呆板、枯燥，而是妙趣横生，学生学习英语的兴趣被极大地激发起来，他们的学习愿望形成了强烈的学习动机。学生在利用多媒体计算机进行学习的过程中，能充分地发挥认知主体的作用。他们可以根据自己的基础或根据教师和计算机测试后提出的建议，自主地决定学习进程，可以自由地选择学习策略。学生学习英语的过程不再是一个被动接受的过程，而是一个主动参与的过程。浓厚的学习兴趣与主动参与，形成了学生优化的内部心理过程。这种心理过程与优化的外部刺激相互作用，就能使学生在学习英语的过程中根据各自的特点获得不同的成就。

(三)培养学生迅速、有效地处理信息的能力

目前,教育部已将信息技术课列入了课程计划。的确,IT技术的迅速发展给人们的生活方式与思维方式带来了巨大的变化,对教育的冲击更是前所未有。那么,IT教育是不是仅仅是信息技术课的任务呢?显然不是。IT教育不仅仅是信息技术课的任务,而是应该体现在各门学科中,体现在整个教学过程中。只有这样,才能使IT教育取得成效,使学生成为适应未来发展的IT人才。所以,英语教师在课堂上使用IT技术,并不仅仅是为了帮助学生学习英语,更重要的是培养学生的能力,让学生掌握运用IT技术的能力,特别是运用IT技术迅速有效地处理信息的能力。

语言是不断发展和变化的,当我们学习一种语言时,只有学习到最新的语言,才能更好地交流沟通。传统的英语学习是以固定教材为主,而且为了保持教材的稳定性,往往一般使用几年甚至十几年,语言和内容上都比较陈旧。而多媒体和网络的应用则在相当程度上缓解了社会迅速发展而学习内容过度滞后的矛盾。多媒体教学软件可以不断地进行更新换代,而网络上的语言与实际的语言发展同步。例如,我们可以很容易地读到当天的英美电子版的报纸和刊物,像《纽约时报》《伦敦邮报》《今日美国》《时代》等。其他如专题讨论组、电子邮件中使用的语言更是最新的语言。这样,我们就有可能在保证课程的

基本结构和性质相对稳定的同时，洞悉外部世界的新变化，不断丰富、更新教学内容，以能反映时代精神和需求的内容达到令人满意的学习效果。

（四）让学生养成良好的学习行为，为终身学习打下基础

IT 技术的运用，使学生的学习方式发生了改变。在改变的过程中，教师要特别注意引导学生形成良好的学习行为。在这里，主要指运用 IT 技术进行学习的良好行为，特别是以下两点：

一是主动学习的精神。对于具有终身学习观的人来说，主动学习的精神和善于学习的方法是不可缺的。教师利用 IT 技术进行英语教学时必须明确，电脑等设备都是工具，都是为人服务的，要主动地利用这些工具进行学习。互联网是世界上最大的资源库，也是获取资源、推广资源、交流信息的最好工具。它具有开放性，每个人都可以使用；具有发散性，能一点对多点；具有发展性，技术与网络带宽不断变化，网络资源呈几何级数增长。在英语教学中，教师如果能指导学生使用好互联网这个工具，运用其丰富的英语教学资源及相关资源，便能激发学生主动学习，有效地培养他们探索信息、选择信息、管理信息、分析加工信息的能力。

二是合作精神。一位香港同行曾对我们说，在进行 IT 教育时，要防止人性的机械化。这句话是提示我们，在使用 IT 技术时，我们要特别注意学习过程中的非智力因素问题，注意情感，讲究合作。教师利用计算机网络的一体化，可以有效地培养学生的协作精神与合作能力。计算机网络可以把多个终端连在一起，实现资源共享。这种一体化的特征使英语教学既可实施个别化教学，又可实施协作式教学。实行协作式教学要求给每个学生提供同一问题或情境进行不同观点或不同角度的观察、比较、分析与综合，利用协同、伙伴、角色扮演等形式互相补充、集思广益。在学习过程中，要使每个学生积极参与、主动交流，使他们学会合作，学会共处。

多媒体和网络的使用给大多数学生提供了自主学习的机会，培养了他们的创造性和主动性。但也有少数学生因过去太过依赖于以教师为主导的课堂教学，较长时间不能适应这种由自己掌握学习进度和学习内容的学习形式。具体体现在：相当多的高职学生认为多媒体课件上学习内容繁多，网络学习内容松散无序，分不清学习的主次和先后；网上信息浩如烟海，不知道如何检索英语学习所需的辅助资源、访问与学习内容有关的网站，常常耗费大量时间却收效甚微；学校缺乏持续有效的监督和管理，致使有些学生或因懒惰、或因沉迷于其他网络活动忽视了语言的学习和巩固，无法完成规定的学习任务。

多媒体和网络给高职学生的英语学习创造了一个完全自由、自主的空间，同时，也对他们的自控能力和自学能力提出了更高要求。它促使高职学生要培养良好的学习自觉性、自主性和创造能力，了解语言学习的特点，注意科学安排和循序渐进。

四、英语教学要采用科学的评价方式

（一）传统的评价方式单一、观念落后

在英语教学中，学校多年来采用的评价方式单一，基本上是试卷的分数化评价，以笔试为主，所以口头表达能力、动手操作能力、心理发展及行为表现等诸多方面都得不到客观的评价。学校往往强调考试的选拔作用，试图通过每次考试将学生分成三六九等，最后的结果往往是大部分学生都是失败者。而这样的考试往往会造成对学生心理上的伤害，不利于发展学生的合作精神，也不利于建立和谐的师生关系。

注重终结性评价的结果，却忽视了对学生的学习过程的评价，这样教师就不能及时掌握学生学习过程中出现的问题，不能适时调整自己的教学。

英语教师往往对学生的学习进行评价，而忽视了对自己的教学和学生对教学的评价，忽视了学生的自我评价和小组评价。所以，华东师范大学的陈玉琨教授指出："我们外语教学实用性不强，效率不高，与我们的外语教学评价有关。我们评价的方法比较单一，评价的观念比较落后，从而必然会制约外语教学，制约外语高素质人才的培养。"他同时提出，"我们有必要深入研究外语教学评价的问题，通过评价的改革促进整个社会进步。"（陈玉琨：《当代英语教学评价发展趋势》，在全国基础教育英语教学评价改革研讨会上的发言）

（二）实行科学的教学评价，改变教育观念是前提

教学评价是对教学活动的一种价值判断。有什么样的教育价值观就会产生与之相关的评价方法。我们总是认为，只要把英语的基础知识讲深讲透，精讲多练，就会帮助学生学好英语。于是，英语教学中出现的弊病也就越来越多。在21世纪的今天，教育价值观正在发生极大的变化。我们应提倡学生发展本位的教育价值观。英语教师要关注的是学生的发展，要以学生的发展需要作为教学的导向。学生发展的需要反映了当今时代发展对英语教学的要求。知识经济时代的到来，现代社会多元特征的形成，特别是我国社会主义市场经济体制的建立和发展，使经济增长与社会发展、人的发展紧密联系在一起。在社会发展过程中，人处于核心地位。中国加入WTO，要求培养更多的掌握英语的人才。

（三）实施英语课程评价的目的

实施英语课程评价的目的是对英语教学效果进行监控，获取英语教学的反馈信息，以改进教与学，促进学生素质的全面发展。英语课程评价的主要内容如下：

评价对象	评价内容
对学生学习的评价	定位性评价
	形成性评价
	诊断性评价
	终结性评价
对教师教育教学的评价	
对学校组织实施英语课程标准的评价	

（四）实施英语课程评价应遵循的原则

1. 多元化原则

在英语教学中，建立新型的评价体系必须体现多元性，它包括评价目标多元、评价主体多元、评价工具多元。其中，评价主体多元尤为重要。以前，人们总是把教师作为唯一的评价者，而他们的评价对象也仅是学生。实际上，教学的管理者（包括教育行政部门、教研部门和学校的教学管理者）、英语教师、家长和学生都应该是评价的参与者。上述参与者都担负着评价对方、自我评价与合作评价的任务。这里我们不妨以英语教师为例。一个英语教师在教学过程中应该对教材的使用及学生的学习作出评价。在让学生接受评价时，一定要注意调动学生的主观能动性，不能让他们处于被动的状态。同时，教师本人也要善于利用评价的反馈信息指导自己的教学，并加以改进。这种反馈信息不仅来自所教学生，还来自教学的管理者和家长。现在，我们还要提倡教师之间与师生之间进行合作评价。通过合作评价，教师对课程设计、教材使用、学生发展会有更准确的了解与把握，从而提高教学效果。

2. 激励性原则

实施评价的目的是什么？是为了学生的全面发展。由于教育观念的偏差，以前人们习惯把评价与考试等同起来，特别是与高考、中考等同起来。结果，学生从开始学英语就不得不卷入残酷的分数竞争。学生没有从考试中看到自己的成绩与进步，没有成功感；教师也没有真正发现学生在学习过程中出现的情感或方法上的问题。"考，考，老师的法宝；分，分，学生的命根"，正是此情景的真实写照。

现在，要实施科学的英语评价体系，一定要体现评价的激励作用。多元评价的目的就是了解学生的学习状况，激励学生的学习热情，调整教学。以往的教学评价是为了选择最好的学生，而现在的教学评价的功能发生了很大变化，评价的目的是发挥每个学生的特长，为学生提供最大的发展空间。

3. 情感原则

情感与教学有着密切的联系，情感与科学的教学评价同样有着密切的关系。以前教师在英语教学中进行评价时，关注的是一次考试的结果，是分数。而现在提出情感原则，理由也很简单，因为语言本身就是表达情感的工具。语言与人的心理发展、文明发展相联系。另外，教师与学生从事教与学，都是带着情感的，而这种情感差异也导致了教与学的差异。我们一直强调情感教学，也就是因为英语教学脱离不了情感。在进行英语教学评价时，教师更要注意情感，要注意人的心理体验。评价学生时,不仅看他是否掌握了必要的英语基础知识,更要看他是否会用英语来表达自己的丰富感情。同时,在评价学生时,教师要带着积极的情感,关注学生的进步,善待学生,让学生从评价中获益,而不是受罚。

五、英语教学中提高学生的认识能力

高职院校英语教学已经历了由知识型教学向技能实践型教学的转变,突出了语言作为社会交际工具的本质特征。笔者认为,英语教学既是获得交际所需要的语言技能及相应的语言知识的过程,也可以是发展智慧和培养认识能力的教育过程,而且英语教学对于培养认识能力有着特殊的意义。

(一)英语教学中提高认识能力的意义

1.语言与思维的关系上

语言既是思维的物质载体和构思的工具,同时也是思维得以发展的媒介,语言能力的发展和思维能力的发展是相互促进、协调发展、辩证统一的。

语言是人类文化的"活化石",它不但凝结了人类文化的全部成果,也把各个民族的文化心态、价值观念、审美情趣及思维方式等以词语概念组合排列等结构形式表现出来。如通过语义场的比较和价值分析可以发现,印欧语系的许多语言中,用以表达亲属关系的词语比汉语少得多，但概括力却大得多。如英语中的 brother 既有表达"哥哥"的意思，也有表达"弟弟"的意思。uncle 则涵盖旁系亲属上一辈的所有男性。cousin 一词囊括了旁系亲属同辈的所有男性和女性。汉语中用以表达亲属关系的词汇远比英语丰富，却找不出与上述英语词完全对应的词。这反映了两种不同的社会历史背景及相应的不同思维方式。以英语为主的西方国家，由于进入资本主义社会时间较长，提倡个人解放，崇尚个体独立意识，而家庭观念逐渐淡化，因而表达亲属关系的词汇相应地就少得多，而表现个人意识的词汇和表达方式就比汉语丰富。

学习一门新语言，也就是进入一种新的文化视野，经历一种新的思想观念的冲击，接受一种新的思维方式的影响。如果英语教师能够充分意识到这一点，就能在高职院校英语教学中有意识地发展学生的思维能力和认识能力，使学生通过学习英语来获得认识世界和感受世界的新的心理机制和思维方式。

2. 母语与英语的关系上

大文豪歌德曾指出，只有当你学习了外语之后，你才能真正懂得自己的母语。道理很简单，有比较才有鉴别。

没有学过英语的人，对母语的使用可能非常娴熟、得心应手，但对母语的认识往往十分有限。学过英语的人大概都有过这样的体会：对许多母语词语的理性认识往往是在学习英语的过程中才获得的，在此之前是"只知其然，而不知其所以然"。语言上的局限也是思维上的局限。

我们的知识大都是通过母语获得的。学习英语不仅仅是获得获取知识的另一种手段，从语言教学的文化取向上讲也是获得一种新的认识方式和认识能力，高职院校英语教育应充分认识英语教学的这一价值。总之，对认识工具的掌握和认识能力的提高应该是同步的、一致的。换言之，教师应该超越语言来教授语言，不仅仅将语言学习当作知识之学和技艺之学，应挖掘其深层的教育价值。

（二）英语教学中提高认识能力的途径

语言能力的提高与认识能力的提高不是必然的，也就是说，要在英语教学中求得发展认识能力的效应，就要选择合理的教学途径和教学方法。

1. 以话语为中心展开教学

英语教学经历了以词本位教学（翻译法），到句本位教学（听说法），再到话语本位教学（交际法）的发展历史。话语（discourse）是基本的言语交际单位，因为话语包含有语境和词语之间的衔接连贯等因素，更体现出语言的整体性。这是从交际教学法的角度来看。从语言与思维的关系上看，词是概念的表达形式，句子是判断的表现形式，而更体现智力本质的推理活动则由大于句子的言语形式即话语来表现。语言与思维统一于话语。无论是词本位教学还是句本位教学，都是脱离思维活动来教授语言的，使语言学习成了机械的模仿记忆和重复性活动，同时把语言形式与思想内容脱离开来，使学生的智力得不到提高。

话语分析和篇章语言学的兴起为话语型教学提供了理论基础和具体的分析方法，使通过语言训练来训练思维能力的教学活动系统化和科学化。因此，英语教师应掌握这些理论，并使之与具体的教学活动结合起来。

2.坚持"文道统一"的原则

"文以载道""读书明理"这些古训给人们的启示是：语言与思想、与文化是密不可分的，语言教学与"达理""明志"的思想教育活动应该统一起来。外语教学一向有重形式轻内容、重技巧轻智能的流弊。语言是工具，但语言教育的目的是超越工具范畴的，它应以完成更高层次的教育目标为宗旨。坚持"形意结合""文道统一"，正是全面实现语言教育目标的最好途径。

阅读教学应深入到文章的层次结构，究源穷理，引导学生把文章中最有价值、最富文化意蕴的东西挖掘出来，使学生在学习语言的同时，情感受到真善美的陶冶，心灵受到激荡，人格得到升华，既提高了认识能力，也受到了品格的教育。

在高职院校英语教学中提高学生的认识能力还需要一个条件，就是教师自身的素养和努力程度。教育上有一条规律，即教育者寄希望于被教育者的每一种素质和能力，教育者都应先于受教育者而具备之。

这就导出了"以智育智""以情启情""以美立美""以行导行"等一系列教育原则。因而，要有效地发展学生的认识能力，教师首先要在备课中进行"智力投资"，先经历一次情思感发的智力体验，然后才能在课堂上、在学生身上再实现这一体验。

我国英语教育家许国璋先生生前一贯倡导学外语的人应该是文化人，应该经常体验到智力增进的快乐。我们可以把许先生的话做进一步的解释，那就是：学外语的人应该是具有跨文化领悟力的聪明人，而学外语的过程则是接受另一种文化的熏陶、接受一种特殊的智慧的磨炼过程。教育应致力于培养人掌握知识和创造知识的能力，即培养人的认识能力和创造能力。只有这样，才能解决知识的无限增长和人获得知识的有限时间和精力之间越来越尖锐的矛盾。

由此可见，提出"认识能力"的问题及如何培养"认识能力"的问题，对于实现由知识型人才观向智能型人才观的转变，以及由灌输接受型教育观向激发创造型教育观的转变，具有十分重要的意义。

第二章　高职英语有效教学实践策略

高职英语作为各类高职院校的一门必修课，其教学效率的高低关系到能否培养出适应新形势要求的现代高级技术应用型人才。教学效率主要是指教师不仅要及时有效地完成课程标准所规定的内容和要求，而且要使学生能理解、应用所学的系统科学知识和技能，并主动地、创造性地学习和实践，同时在品德和操行上也得到多方面的陶冶。就目前来看，高职英语教师基本上能及时完成课程标准所规定的内容和要求，但高职学生在经过二至三年的高职英语课程学习后，英语应用水平和创造性学习能力整体来说不高，还远远不能满足当今社会对现代高级技术应用型人才的需求。因此，教育机构及教师有必要对高职英语教学进行不断的研究，在发现问题的基础上加以改进，实现行之有效的教学。本章主要对高职英语的有效教学策略进行分析、应用，对其经验进行总结，以便探索高职英语有效教学的路径。

第一节　高职英语教学中的有效教学策略分析

一、有效教学的概念

有效教学特指教师通过教学过程的合规律性,成功引起、维持和促进学生的学习,相对有效地达到预期教学结果的教学。所谓"有效",主要是指通过教师在一段时间的教学之后,学生获得具体的进步或发展。也就是说,学生有无进步或发展是教学有没有效益的唯一指标。教学有没有效益,并不是指教师有没有教完内容或教得认真不认真,而是指学生有没有学习到什么或学生学得好不好。如果学生不想学或者学了没有收获,那么即使教师教得很辛苦,也是无效教学。同样,如果学生学得很辛苦,但没有得到应有的发展,也是无效或低效教学。有效教学区别于低效、负效、无效教学的主要特征表现为正确的教学目标和高效的学习效果。因此,笔者认为,有效教学的主要特征应是最符合有效教学的含义,最有助于有效教学目标实现的特征,它是通过教师的具体教学行为来体现的。

有关有效教学的诸多研究表明,教师对教学目标的明了程度不仅与学生的学习收获存在密切的关系,而且还与学生的满意度存在密切的关系。正确的教学目标可以为教师开展有效教学提供指导,正确的教学目标可以从教学目标的指向性和教学目标的全面性两方面进行理解。

（一）教学目标的指向性

教学目标的指向性是指教学要达到的结果和标准。教学是教师组织学生有目的、有计划学习的活动，教学的本质是学而不是教，"为学生学习而教"是教育的核心理念，也是教学的核心理念。"为学生学习而教"指定了教学的目标不是教师教什么、有没有教完教学内容，而是学生通过教师的教学学到了什么，即是否掌握了教学内容。正如有学者指出的那样："教育的真实目的是改变学生的行为，使他们能够完成那些在教育之前不能完成的事情。"根据这一思路，有效教学的目标不是教师在教学中教了什么，不是他们的教学是否努力、是否认真、是否科学，不是课堂是否活跃，而是学生在教师教学后的学习进步和发展。简言之，有效教学的目标指向学生的进步和发展。有无进步和发展是对有效教学的质的界定，进步和发展的程度是对有效教学的量的把控。

（二）教学目标的全面性

主张有效教学的目标是学生的学习进步和发展，而不是教师教什么和如何教，也不是学生如何学。相反，意在使师生意识到学生学习进步和发展这一有效教学目标的实现，以教师的教学和学生的学习为基础,离开了教师的有效教学和学生的有效学习,是不可能实现学生进步和发展这一目标的。因此,实现有效教学的目标,需要教师认真负责、科学有效地教学,也需要学生勤奋刻苦、科学有效地学习。正确的教学目标不仅要将教学目标定位在学生的进步和发展上,而且要使学生的这种进步和发展具有全面性,是全面的进步和发展,即教学目标的全面性。

有效教学的另一主要特征是充分利用教学时间,创造高效的学习效果。"时间是教育王国的金钱,教育需要时间。教师用时间提供教学服务,学生用时间购买学习。"高效利用教学时间指单位时间内取得最佳的教学效果。很多研究表明,教师在教学中高效利用时间是有效教学的关键,并且能不能高效利用时间已成为区分有效教学和无效教学的重要标志。

(三)高效利用教学时间

在教学中,高效利用教学时间表现为以下几点:

(1)教学活动最大限度地指向教学内容。教师在课堂上过多地实施课堂管理会造成教学中断,偏离教学内容的闲扯会占用并浪费宝贵的教学时间,不是有效教学的表现。

(2)应将更多的时间用于与教学内容相关的师生相互作用和与学习直接相关的活动上,以减少用于课堂管理、维持学习秩序、交流学习规则以及与学习无关的活动的时间。

（3）通过教学的生动有趣对学生产生吸引力以及激发学生的学习动机来促使学生对学习更加投入，增加他们的有效学习时间。

（4）通过事先制定教学时间管理计划、教学实施计划、教学后评价时间利用情况来有效利用课堂教学时间，及时消除导致时间浪费的因素。

（5）向学生灌输时间重要性的观念，并通过对他们进行学习指导，既增强他们的效率意识，又培养他们单位时间内的学习能力。

教师在有效教学的实践中，必须使自己的教学逐步具备或表现出以上所述的主要特征，但也不必寻求统一的模式，完全可以表现出具有个人风格的有效教学，即展现出有效教学策略的多样性。

二、有效教学的内涵

笔者从事了多年的高职英语教学工作，在日常的教学实践中常常听到一些教师说：教师付出了很多努力，学生似乎并不领情；他们不努力配合教师，师生无法实现有效互动；教师的付出得不到应有的回报，从而导致英语课堂教学效率低下。经过多年来对高职英语教学实践的不断观察、总结，笔者认为课堂上发生如上各种教学效率低下的问题，责任并不全在学生。面对上述现象，作为高职英语教育的实施者——教师，应该从有效教学的基本内涵出发，寻找改进方法，提高高职英语课堂教学的有效教学效果。

（一）进行充分的教学准备

充分的教学准备指教师为确保一门课程或一堂课有计划地进行，而对教学活动进行的精心谋划。教学是有目的、有计划的活动，不是即席演讲，不能靠临场发挥，因而有效教学要以充分的准备为前提条件。从教学工作的基本环节来看，备课是教学的首要环节，充分的准备才能保证备好课，而备好课又是上好课的先决条件。研究表明，教师授课前精心备课、事先计划和组织好教学，可以减少教师授课后用在课堂组织和管理上的时间，使教师有更多的时间用于教学，学生也有更多的时间或机会进行学习，从而提高教学的有效性。相反，如果教师事先没有计划，在开始授课后花费较多时间在教学组织上，那么学生就不可能关注课堂教学内容，甚至可能就不想继续学习了。

优秀的教师总是会在课前做好上课的各种准备，往往会做长时间的准备工作，其中包括研究教材内容、设计准备课堂具体的语言互动环节、预料课堂教学过程中可能出现的其他问题及其应对措施等。同时，研究学生的具体学习情况及学习状态，根据不同学生的课堂角色设计相应的问题，使其尽可能地参与到课堂活动中来。总之，优秀教师对于课堂教学的课前准备总是事无巨细，能做到有备而来。因此，花在课前准备的时间和精力总是远远超过了有限的课堂教学时间。当然，对于课前精心充分准备的课堂教学，学生的学习效果也会更加显著，能体现教师的有效教学效果。

（二）保障教学合理有效地开展

合理有效地组织教学是指教师对教学活动的合理安排，体现其科学性、有效性。其具体表现如下：细致入微地设计各个环节的教学活动细节，科学分配知识讲解、提问、思考、作答的时间和学生积极有效练习的时间；应对教学过程中的突发情况，保证课堂教学的有序进行；顺利完成教学计划的授课内容。当然，"教无定法"，每个教学过程都是一次动态的探索过程。教师可以根据所教授课程的内容、上课的学生及当时的具体情况，对其教学计划及时进行适当的调整，以适应不断变化的课堂情况，同样可以顺利有效地完成教学任务，同时体现教学的灵活性。

（三）能清晰地讲授知识

清晰的知识讲解就是教师清楚地讲授、解释教学内容，从而使学生达到正确的理解、牢固的掌握和有效的应用或迁移。可将清晰的讲解简单地定义为"教学清楚和易于理解"。

教育实践和大量研究表明，教学清晰明了能促进学生更好地学习，提高和改善学生的学习成绩，是有效教学的重要特征。有学者研究后表明，教师清楚解释的能力是有效教学的重要品质。教师清楚讲授的能力比其他有效教学的特征更重要，清楚明了既是一种教学手段，又是学生要达到的目的。这就是说，有效教学是要通过教师讲解这个手段，达到学生清楚明了地掌握教学内容的目的。教师通过教学能使学生更清楚、更准确地理解教学内容，能使学生获得学习进步和发展，以提高教学的有效性。

清晰的讲解包括教学目的明确，给学生提出的学习任务和要求明确，学生知道自己应该掌握的内容和学习的重点。教师系统而有条理地讲授教学内容，有利于学生形成知识之间的逻辑联系，获得结构化的知识。教师对概念、命题、理论、原理的阐述简明、准确而不含糊，使学生易于透彻理解和正确掌握。教师讲授时表现出思维的逻辑性、表述的条理性，会对学生的逻辑思维能力产生积极影响。

（四）授课时保持热情饱满

饱满的授课热情指教师教学时通过语言、情感、动作等显示自己爱学科、爱教学、爱学生的热情，使教学充满感染力、影响力。教学是师生共同参与的智力活动，虽然课堂教学环境主要是信息、知识环境，但要实现认知的目标，师生的情绪状态是这一智力活动的动力因素，影响着教学的成败与效率。因此，要进行有效教学、引起师生的积极情绪无疑是十分重要的。有学者对教师行为与学生成绩研究总结后指出，教师在教学时的热情与学生的学习成绩关系密切。英国教育学家哈伦认为，教师有效教学的一个关键特征是教学的热情。

（五）促进学生学习

促进学生学习是指教学关注和满足学生的需要，围绕学生组织和实施教学。学生是学习的主人，教学作用于学生，其效果主要从学生的进步和发展中体现出来。因此，有效教学应能促进学生的学习。建构主义教学观认为，学生要积极建构学习新知识，而不只是被动地接受或照搬从教师或课本中获得的知识。因此，教学要调动学生的积极性，发挥他们的主动性，促使他们主动进行学习。

（六）激发学生的学习兴趣

西方有句谚语说："你可以把马儿牵到河边，但你不能强迫它喝水。"同理，恰当的课程和好的教学非常必要，但并不能保证学生一定能学好。如果教学不能激励学生、使学生参与，教学就无法达到预期的目的；反之，教学只有激发学生的动机，调动他们的积极性，才能使他们主动地投入学习，并取得良好的效果。因此，有效教学以激励学生为特征。激励学生是指教学引起了学生的学习兴趣，激发了他们的学习动机，促进了他们对学习的主动参与和全身心投入。学习只有在学生感兴趣、有学习愿望和动机并主动投入的情况下，才能取得良好的效果。

三、高职英语有效教学的现状

（一）应试教育现象频发

目前，在各个高职院校，学生的各个科目的通过率都与教师的考核息息相关。学生的通过率也无疑成了高职英语教学的"指挥棒"。考试怎么考，往往就决定了高职英语教师如何教。于是，便形成了一个应试类的框架式教学模式。这样的教学模式，不仅不能提高高职学生对英语的应用能力，更无法引导高职学生主动学习，也就谈不上所谓的"学以致用"了。

（二）学生学习带有功利性

从高职学生角度来看，因为他们英语基础较差，很难从英语的学习上找到成就感，获得学习的价值感，所以他们本身对英语学习的热情也无法得到提升。大多高职学生学习英语的目的就是通过期末考试，加上他们本身英语水平的限制，导致学习的目的性单一，很难调动学生学习的积极性和主动性。

（三）教学与实际应用脱节

目前，高职学生为了将来找工作能够受到人力资源的青睐，在填写语言水平栏时，都会努力考取相关的等级证书，以帮助他们能够得到面试的机会。但是这只适用于普通本科英语教学的等级考试，无法体现高职学生在英语应用上的优势。

高职院校在开展目标教学的活动中，确实在一定程度上让院校内学生的应试能力得以增强，但是从笔者收到的不少高职院校的应届毕业学生的工作反馈情况看，岗位中要求的语言能力和院校实际所学还存在一定差距，产生了与岗位要求脱节的现象。作为高职院校的英语教师，在教案设计上应当重视语言实用性这个要点。

（四）教材内容缺乏多元性

当前，很多高职院校所使用的英语课程内容都是单一的模式，导致大多数学生不爱学习英语，尤其是教材中的内容无法激发学生的学习积极性。事实上，教材中的内容相对简单，没能合理调配教学内容，无法反映学生的实际需求。即使教师根据课文内容为学生拓展新知识，也依然存在学生无法理解教材内容的情况。这在无形中给高职学生的英语学习带来了较大的困难。高职学生未来毕业后面临的最大问题是就业问题，基于此，高职英语教材内容的编排应该具有实用性，以便学生毕业后能够充分将校内所学知识运用到工作中。

（五）学生学习态度不端正

某些高职院校一直打着"毕业之后让学生百分百就业"的口号，这在无形中会让学生觉得学习对自己来说完全没有用处，反正毕业之后肯定是有工作的。这就大大降低了学生的学习积极性。很多学生也觉得日常的英语学习对他们以后的工作没有什么帮助，导致一些喜欢英语的学生也慢慢丧失了对英语学习的兴趣。

（六）教学手法有待革新

随着课程标准的不断改革，传统的教学方式已经不适应当代英语教学。高职院校的学生的思维都是比较活跃的，有趣的课堂教学才能够吸引他们的注意力。随着时代的飞速发展，越来越多的人开始重视英语。因此，高职院校的英语教师应该革新自身教学手法，采用新颖的教学方式对学生进行教学，课堂教学模式也应该有所改变。学生如果对英语课堂产生厌倦感，就会严重影响英语课堂的有效性。在授课过程中，教师也应时常关注学生的状态，不应忽视他们的自学能力。比如，对于一个知识点，不单单要让学生理解，还应该让他们知道在现实生活中应该如何使用该知识点。

（七）缺乏对课后布置英语作业的重视

中小学阶段，英语教师为帮助学生巩固所学，每堂课后均会要求学生完成一定量的英语作业。但进入高职阶段后，很多英语教师忽视了布置课后作业的重要性，极少布置英语课后作业让学生完成。此种情况的存在并非个别现象，这对高职学生的英语知识掌握极为不利，也会让高职学生错误地认为英语学习在高职阶段已不再重要。为提升高职英语教学质量，此问题在将来也亟须解决。

（八）缺乏对学生口语能力的锻炼

在对部分高职学生进行调查时发现，有相当一部分学生表示，英语教师在课堂中从不引导学生开展口语交际；还有些学生表示，英语教师偶尔在课堂中引导学生开展口语交际。访谈中，有学生表示："英语教师在课堂中仅依据教材内容一板一眼地进行教学，极少或从不组织学生进行口语交际。"在我看来，口语交际真的非常重要。如果我们将来能够进入外企工作，却不具备较强的英语口语交际能力，那么则很难真正胜任相关工作。这仅是举一个例子，大部分高职学生很难毕业后就进入外企工作。但作为新时代一名合格的高职学生，我始终认为应具备一定的英语口语交际能力。也许，在今后的很多场合中都会用到。

（九）缺乏对教学评价的认识

由于高职英语教材内容较多，且很多高职院校安排的英语课时并不多，造成很多高职英语教师在课堂上忙于知识讲授，很少对学生实施教学评价。在对部分高职学生进行调查后发现，近半数高职学生表示英语教师极少对学生实施教学评价。研究表明，在高职英语课堂中，教师科学的教学评价可有效激发学生的学习兴趣，切实促进教学质量的提升。因此，建议高职英语教师充分重视教学评价的重要作用，在课堂中给予学生积极、科学的教学评价。

（十）缺少同现代科技相结合的授课方式

高职院校的很多教学活动都是通过单一面授的形式开展的，即教师讲课、学生听课。作为高职英语教师，应该充分利用多媒体工具来辅助教学。这样可以淡化语言学习本身的枯燥性，增加课堂的互动性，提高高职学生英语学习的积极性。比如，在课堂中进行"微课"互动、PPT文稿衔接演示等。

四、高职英语有效教学策略

（一）从实际出发因材施教

1. 采用分层教学法

高职生源的多元化使学生的英语水平参差不齐，因此在高职院校的英语教学中，实施分层教学应是当务之急。分层教学方法要求针对不同知识水平、不同英语基础的学生因材施教。当一个班级中学生的英语水平参差不齐情况明显时，就应该进行分班教学，如分成A班、B班、C班等。相关学者已经做了大量有关分层教学的研究。总体来说，实施分层教学时要特别注意做好以下几个方面的工作：

第一，准确分析班级学生的具体情况。

第二，对学生进行分层的标准不应仅限于学生的英语成绩，也可根据学生各个层面的不同情况和问题进行划分。

第三，要具体情况具体分析，"对症治疗"，即因材施教。

2. 针对具体情况具体选择教材

灵活选用教材，实现高职英语教材的有效使用和建设，高职英语教材选用中存在诸多问题。当然，高职院校在教材选用上历来都是灵活多样的，这也是高职教育灵活性的体现。高职英语教材的有效使用和建设应该注意以下几个方面：

第一，从高职学生实际需要出发，选取实用的、具有高职特点的新型教材。

第二，精选教学内容，体现高职英语"够用为度"的原则。

第三，采用科学合理的教材。

第四，加强校本教材的建设与使用。

3. 革新教学硬件

优化教学设备，普及多媒体辅助教学，利用先进的现代科学与技术，真正实现高职英语课堂的有效教学。

（二）改革教学方法

教学方法的改革是教学改革中尤为重要的一步。首先要转变教学观念。有效教学方法要求教师在教学中，尤其要注重对学生学习方法的引导。有研究者认为，教师在教学中的职责重心已由传递知识向激励思考转移。因此，就有"外语是学会的，不是教会的"这一经典说法。教师应认真考虑学生的实际需要，根据需要推动和鼓励学生学习，进而实现有效教学。

（1）以学生为主体，强化学生的课堂参与意识，保障课堂有效教学效果的实现。

（2）采用高职英语课堂有效教学策略，提高高职英语教师的有效教学能力；要提高高职英语教师的有效教学能力，就要从提高高职英语教师传授和培养知识技能的能力，以及加强高职英语教师在教学过程中教学组织的能力两方面入手。

（3）完善高职英语教学评价体系，体现教学评价的有效性。

（三）提升教师自身的科研能力

目前，我国高职院校的英语教师普遍以教学任务为主，科研意识淡薄。教师的教学任务繁重，其科研能力和精力相对有限。我国高职院校英语教学研究的现状，使高职英语实际教学缺乏必要的、科学的理论指导。我国高职院校公共英语教学仍处于发展中的摸索期。高职英语教师们可以一边教学，一边研究教学理论，使自己的教学能力在教学实践与理论研究的同步发展中得到提高，从而使自己的综合业务能力得以提升。为此，笔者呼吁高职院校除了重视高职英语教学以外，也应该尽可能地为广大英语教师创造更多的科研机会，使高职英语教学水平随着高职英语教师的科研能力的提高而提升。

（四）科学运用多种先进的教学方法

1. 实施差异化教学

课堂教学只有立足学生的个性差异，满足学生个体学习的需求，根据每个学生的知识基础、认知结构、学习兴趣、学习态度和风格等不同特点，实施差异化教学，才能有效促进学生在原有基础上充分发展，提高课堂教学的有效性。分层递进教学作为差异化教学的重要实施途径，应该在有效教学的课堂中得以应用与实施。

应当根据学生的兴趣与需求来实施差异化教学，依据学生的专业、爱好、未来规划来制定有针对性的教学计划与教学目标，避免教学统一化，从而提高学生的学习兴趣，并能使学生的校内所学内容在未来工作环境中得以有效运用。

根据对高职学生成绩分析的结果，学生的英语水平差别很大，如果强行实行统一的教学标准，必定会使相当一部分学生因无法跟上整体教学进度而被迫放弃学习，这不是我们想看到的。唯一能有效改变这种状态的方法就是根据学生的英语基础水平进行分层次教学，这是一种在英语课堂中实行的与各层次学生能动性相适应、着眼于学生分层提高的教学策略。可由学校安排合适时间对学生进行一次入校后的英语摸底测试，综合高考和测试成绩把学生学习起点分为低、中、高三个层次，并且给学生留有自主选择和拓展的余地。

2. 开展情境教学

著名语言学家克鲁姆认为，成功的外语课堂教学应在课堂内创造更多的情境，让学生有机会运用已学到的语言材料。英语情境教学是指在教学过程中，教师尽力创设一个融视、听、说于一体的语言环境，有目的地引入或创设具有一定情绪色彩的以形象为主体的生动具体的场景，以引起学生一定的情绪体验，从而帮助学生理解和获取知识或技能，并使学生的心理机能得到发展的教学方法。

第二节　高职英语教学中有效教学策略的应用

一、高职英语有效教学的要求

高职英语有效教学的特征对高职英语有效教学提出了相应的要求，高职英语教学必须符合其教学规律，强调教学效果，注重教学效率，产出教学效益。

（一）教学应当符合高职教学规律

高职英语教学规律是以"坚持工学结合、知行合一、德技并修"的教育理念为指导，将语言学习与职业技能培养有机整合，在教学过程中体现职业性与应用性，提高学生的英语交际能力与综合职业素质，从而提高学生的就业能力。因此，在高职英语教学中，教师只有结合这些规律，才能制定切实可行的教学目标并制订计划，科学地运用教学方法、手段和策略，提高教学效率，从而取得相应的教学效果，实现学生全面持续的进步与发展，实现教学效益最大化。

（二）教学应当注重教学效果

高职英语的教学效果就是英语教学活动的结果，即学生所获得的实际进步与发展。教学效果与结果的好坏无关,也不涉及教学所得是否与教学中所投入的精力、物力、时间成正比。具体表现如下:经过一段时间的学习后,学生的英语基础知识、听说读写技能、学习方法、学习兴趣以及英语文化意识等比之前有了较大的提高或发展,学生有无进步和发展是衡量教学有没有效果的唯一指标。只有关注教学效果,关注学生通过学习以后哪些方面取得了进步和发展,才能真正促进英语的有效教学。

(三)教学应当注重教学效率

高职英语的教学效率是指通过有效的教学行为,在尽可能少的教学投入(时间、精力、努力等)内获得最大化的教学效果,即最大限度地促进高职高专学生综合语言运用能力的发展,也就是学生学习英语的高效率。以《职业综合英语》第一册的写作教学为例,本册要求学生掌握英语信封、公司简介、会议议程、邀请函、备忘录、投诉信、感谢信及英文简历的写作,如果通过一个学期的教学活动,学生能够掌握这些写作技巧,并可以在今后的工作中熟练运用,那么本学期高职英语的写作教学就是有效率的。由于高职学生在校学习英语的时间非常有限,因而教师只有采用科学有效的教学方法,高效地利用时间,尽量减少与教学内容无关的活动,才能在有限的教学时间里让学生学到尽可能多的知识,使英语运用能力得到最大限度的提升。因此,可以说,提高教学效率是有效教学的基本保障。

(四)教学应当提高教学效益

高职英语教学效益指教学效果与教学目标相吻合,满足社会和个人的教育要求,使学生得到可持续的发展。这主要表现在学生通过高职英语学习,能获得丰富的基础语言知识,在听说读写方面达到大纲的要求,能从事与岗位相关的一些涉外活动,能进行简单的书面或口头交流,自主学习能力得到一定的提高,形成一定的跨文化意识。高职英语教学是否达到教学目标并体现出价值,必须看它是否产出效益。这样,才能真正地为生产一线培养出应用型人才,满足社会对高职人才的需求。

二、有效教学策略在实践中的应用

(一)有效教学的课前导入

"良好的开端,是成功的一半。"导入是英语教学的第一个环节,大多数教师把更多的精力和时间用于如何进行知识的讲解,却往往忽视了教学的第一个环节导入环节的准备与设计。

一般而言,一堂课有三个阶段:导入、正课和总结。教师在导入阶段就要以教学的艺术魅力激起全体学生的兴趣,为下一步教学的顺利展开奠定良好的基础。就高职英语教学导入而言,无论是词汇教学、语音教学、语法教学,还是篇章分析教学,都应该力求像一部完美的交响曲的序曲那样,第一个音符就拨动听者的心弦,在学生内心产生共鸣。因此,就有"好的教师不仅善于教,而且长于导"这样的说法。

课堂导入环节可以引起学生的注意力,好的导入甚至可以激发学生对英语学习的兴趣,为接下来的课堂讲解环节做好准备,从而提高英语课堂有效教学的效果。

(二)有效教学的课堂讲解

1. 语篇分析

语篇分析是指以语篇为基本单位,从语篇的整体出发,对文章进行分析、理解和评价,其中包括语篇的主题分析、结构分析和文体分析。

在高职英语教学课堂讲解环节中,教师要突出语篇教学。句子水平上的教学只能培养语言能力,要培养交际能力,就必须把教学水平提高到语篇水平。语篇分析对于学生了解文章内容、作者写作方法以及以英语为母语时的思维习惯有很大帮助。

一直以来,语篇分析广泛应用于英语专业的语言教学,但在高职英语教学中未受到足够的重视。事实上,不少从事高职英语教学的教师花费了大量的时间和精力讲解词汇、语法结构,教学的效果却仍然不尽如人意,学生对整篇文章的理解也是支离破碎的,自然也就没有欣赏文章韵味和哲理之心,课堂的趣味性也会随之降低。

高职英语教学要重视语篇分析，这样才能让学生准确地把握一篇文章的脉络和寓意。而且，语篇分析在很大程度上可以促进非英语专业学生的英语写作能力、听说能力的提高，能够激发他们阅读各种题材英语文章的兴趣。

2. 课堂提问

在课堂教学中，教师已经习惯运用的启发式教学方法就是提问，提问已经成为课堂教学中必不可少的一部分。

学生的学习过程实际上是一个不断提出问题和解决问题的过程。课堂提问有设问、追问、互问、直问和反问五种类型。教师在提问时，要注意问题的科学性，要有助于学生思维的发展，要遵循量力性原则（对不同水平的学生提出不同深度的问题）、阶梯性原则（问题要由浅入深、由简到繁）、整体性原则（围绕课文中心提出相辅相成、系统性强的问题）、学生主体性原则（引导、鼓励、启发学生发现和提出问题，发表创新见解）、精要性原则（提问要精减数量、直入要点）、趣味性原则（提问要有情趣、意味和吸引力，使学生在愉悦中接受教学）、启发性原则（激发学生积极的思维活动）、激励性原则（说一些赞扬的话，如"Good job" "Well done"，鼓励学生）。只有这样，课堂提问才能启发学生领会教学内容，检查学生掌握知识的情况，培养学生的创造性思维，调动学生的学习积极性。

研究课堂提问对于课堂教学具有十分重要的现实意义。相关学者以某学院若干班级作为研究对象,对授课教师及学生采取访谈、听课、问卷等方式进行调查。从调查结果发现,高职英语课堂教学提问环节存在一些普遍的现象或问题:其一,教师在提出问题之后,候答时间较短;其二,在课堂问答过程中,教师与学生的对话方式显得局促,气氛显得过于严肃,尤其是学生会有紧张之感;其三,教师对学生的反馈以简单的表扬为主,随即附上解释,给学生的话语权极为有限。

(三)有效教学的课堂活动组织

交际语言观认为,交际能力的获得与发展主要靠学生的内在因素,在课堂操练(活动)环节中,教师不再是传统意义上的"知识传播者",而是学生学习的帮助者。在课堂操练(活动)环节中,学生应该是核心。但教师的作用仍然很重要,如在知识上、心理上帮助和指导学生,观察和分析学生的活动,了解和分析每个学生的优势和劣势,发现教学中的不足并加以弥补等。这种交际性的课堂教学操练活动要比传统的教学活动更为有效,当然对教师的要求也更高,即要求教师必须具备很强的观察能力、分析能力,以及对教学内容的临时整合能力和对课堂教学的组织能力。

英国著名语言教育家杰里米·哈默曾把外语教师的角色定位为控制者(Controller)、评估者(Assessor)、组织者(Organizer)、促进者（Prompter）、参与者（Participant）和资源提供者（Resource Provider）。也就是说，在课堂教学操练活动中，教师应综合以上角色，既是组织者、导学者，又是学习者、参与者。

课堂操练（活动）环节可以多种多样，如结对练习、小组合作、个人活动、讨论、总结、翻译等。

三、在听说读写译中的具体应用

（一）听力教学中的有效教学

1. 强化学生的英语基础能力

除了要做好课程标准要求的词汇教学之外，教师还应当鼓励学生进行广泛的阅读，掌握重点词汇的一词多义、一音多词，记住固定词语搭配、常用短语和习语等，为提升听力理解能力奠定良好的词汇基础。此外，还要注重学生语音能力的提升，因为引导学生养成标准的发音习惯是十分重要的。同时，要在教学过程中引导学生区分英式英语和美式英语在发音上的区别。

2. 强化学生的文化积累

在日常教学中，教师应该有意识地对高职学生进行西方国家文化的熏陶，激发其兴趣，使其掌握一定程度的英语文化知识，具体可以从阅读书籍、观看电影与电视剧等学生感兴趣的方式入手。文化背景知识对提高学生语言表达能力具有重要作用,也是学生克服听力障碍的一个关键所在。教师在组织学生开展英语教学活动时,需要将英语知识与西方国家的文化紧密地结合在一起,使学生能够更好地理解英语知识,对英语知识有一个正确的认识。

3.注重学生听力技巧的训练

猜词是听力训练中常用的手段。当听力材料中出现生词时,学生就无法准确理解听力材料的内容,为他们开展听力练习活动带来一定的障碍。为降低生词对学生听力练习的影响,学生需要根据上下文及前后句的意思,对听力材料中所出现的生词进行猜测,以有效降低听力难度。教师帮助学生有效地分析理解题干,推测文章内容和重点,能够更加准确地把握文章信息,找出关键信息以回答问题。同时,在日常的听力训练过程中,应该让学生有意识地去模仿听力对话,学习真实对话中纯正的语音语调,最好能够复述出文章大意,这样能在很大程度上促进学生听力水平的提高。

(二)口语教学中的有效教学

1.发挥情感作用

教师要有意识、有目的地发挥情感教学的作用,深入了解高职学生的心理特征和生活特性,然后在课堂上充分发挥情感教学的作用,让学生感受到英语口语的乐趣,消解他们心理上的排斥与抵触。要时刻注意帮助学生树立自信心,帮助他们克服对英语的恐惧心理,积极热情地启发、引导学生进行英语口语训练,避免出现各种形式的消极暗示,使学生能够真正地在一个愉悦、和谐、轻松的学习环境中消除自卑和胆怯情绪,进而静下心来学习英语口语,切实提高自己的英语口语水平。

2. 开展多样化活动

为了提高学生的英语口语基础,帮助他们树立正确的学习观念,高职学校需要从学生现有的学习情况和课堂教学活动的组织两个方面来考虑。多样化口语实践活动的组织,能使学生意识到英语口语教学也是非常生动有趣的,可以激发他们参与的兴趣并缩小他们之间的差距,从而有利于全体学生英语成绩的提升。

3. 结合学生所学专业

在教学过程中,很多学生错误地认为把自己的专业学好就可以,英语和自己未来的职业没有多大关系,所以英语学不学不重要,进而对英语口语也不重视。鉴于这种情况,首先,要让学生正视现在的市场需求,让他们意识到英语交际能力的重要性,进而端正态度,对英语口语有所重视。其次,在教学过程中应结合学生所学的专业实施英语口语教学。例如,在给会计专业的学生授课时,应当多偏向经济学的词汇及商务英语知识,让学生感到英语的学习不只是为了应付考试,而是真真正正地在为他们未来的职业生涯助力。

（三）阅读教学中的有效教学

1. 在教学中养成良好的阅读习惯

要培养学生良好的自主阅读习惯，就需要教师在阅读教学上扮演好组织者、协调者、评价者和监督者的角色。教师可以通过安排好读书任务，让学生自己完成，使学生能在自我调整中更积极地阅读；还可以通过采取合理的评价和激励手段，促使学生养成自觉高效的读书习惯。在阅读练习中，教师应要求学生学会带着问题去阅读，明确目标，提高阅读速度；要指导并训练学生根据不同的阅读目的采取不同的阅读方法，从而提高阅读效率；还要鼓励学生养成边阅读边记录好词句的习惯，做好知识储备与归纳。

2. 利用网络拓宽阅读面

网络空间中有大量的英语阅读资源，可通过构建网络阅读资源库的方式，优化整合各类阅读材料。教师可按照主题、难易度等标准，把不同的阅读材料进行归类，并借助学校的网络教学平台，建立适合高职学生的英语阅读资源库。网络环境下的阅读辅助教学，应以任务驱动为核心，突出学生的主体地位，重视过程性评价。通过巧用网络资源，可激发学生自主学习的热情，改变传统的教学模式，扩展学生的阅读面，扩大学生的阅读量，提高学生自主学习、获取信息的能力。

3.教学中强化语篇阅读

在信息化时代,为了强化专业语篇阅读,一方面,学生要加强基本英语词汇的积累,熟悉常见的构词法,扩充自身的词汇量;另一方面,要加强对专业词汇的积累。以商务英语阅读为例,要通过强化阅读来加以巩固,在阅读过程中要注意商务情境中词汇的不同含义。学生也可以借助各类记忆单词的 app(如百词斩等)来加强对词汇的积累。此外,专业语篇阅读技能的提升与丰富的专业背景知识也是密不可分的。

4.利用现代科技提升教学效果

英语阅读课程新课教学之前,教师可以利用信息技术为学生布置相应的学习任务,让学生能够直接通过网络来操作完成。例如,可以让学生自主上网搜索与课题相关的背景资料,也可以直接给学生提供对应的学习网站,或者给出对应的搜索范围,让学生进行自主搜索,以此有效提升学生的信息获取能力。

(四)写作教学中的有效教学

1.在教学中培养学生的文化思维

防止学生出现语法、句法等错误固然是语言教学的重点,但语际语言错误绝对不容忽略,这反映了语言学习者的外语思维能力、对外语的深层领会与运用能力。在英语写作训练时,为避免受母语负迁移的影响,教师要特别注意对学生英语思维能力的培养。为了能够更有效地训练英语思维，教师要鼓励学生平时尽量使用英语词典，在英汉互译和具体情境中练习用英语的思维方式去理解生词或短语，以逐渐达到对英语词义透彻理解和标准运用的程度；对比分析英汉两种语言的用词结构、句子结构、篇章结构，培养目的语思维能力，同时要增加英语文化教学的比重，提升学生跨文化交际能力。

2. 强化学生思维逻辑

在英语教学中，教师应在引领学生发现自己的表达方式与思想、运筹语言表达形式的过程中，尽可能地为学生了解自己思想产生的特定方式和复杂过程提供可能，为他们产生各种思想火花和独特的思维提供可能，也为其感受思想产生的兴奋和快乐提供可能。教师除了选择或创造能够激发学生思考或思辨的素材与任务外，还要设计写作课上特定的交流方式，让学生能够在与教师、同学和其他环境因素交流的过程中产生思维的碰撞。

3. 激发兴趣

兴趣是一种对特定情境的情感反映，并非固定、静止不变的。学生对某些事物感兴趣或不感兴趣不是与生俱来的。因此，教师在写作教学中可以通过自己的精心设计，将学生也许最初不感兴趣的话题或任务，转变为能使其产生兴趣、激发挑战欲的写作活动，从而将起初的外部写作动机成功地转化为内部动机，激发学习者的写作潜能。因此，以学生为中心,科学设计写作任务和教学活动,调动学生的主观能动性与参与积极性非常重要。教学中,教师应将写作教学与学生的实际生活联系起来,与学生的人文情怀和兴趣爱好联系起来,通过创造具有一定交际意义的任务来激发学生的自主写作意愿。例如,通过动笔记录某些思想的欲望,愿意与同伴和教师分享自己的观点和体会,或通过制造课堂交流者之间的"信息沟",让学生产生创造意义和获取信息的诉求。这样,就有可能让学生产生一种来自内心的真实冲动,即写作动机。教师可以给学生提供一篇小说的开头或片段,留给学生充分的想象空间,在形式上打破以往各类体裁的固定模式。

4. 关注写作过程教学

我国英语写作教学多采用以行为主义理论为基础的结果教学法。这种传统的写作教学方法主要表现为"学生单独写作,教师单独评阅"的一种单项交流的模式,学生把写作看作一次性行为,把初稿当作成品,无法从教师的评改中获取有益的启示。与传统的写作教学方法相比,过程写作法以写作过程为出发点,将写作过程视为教学的中心,使学生充分投入写作的各个环节和过程,最终获得较好的文章。

不同的想法和看法,可以获得思想的互补、心灵的碰撞、观念的冲突,最终产生富于思辨性的创新观点。例如,一谈到"如何保护环境",人们一般都是罗列乘坐公共交通工具、多植树造林等,罗列的多是一些浮于表面、较为肤浅的现象，然而如若组织得当，引导学生联系生活、深入挖掘，一些学生便可能会结合当前"网购热"的现实状况，提出"Buy your necessities for life locally"的创新性观点，以减少运输、保鲜等资源耗费的方式来保护环境、节约能源。

（五）翻译教学中的有效教学

1. 改革教学模式与理念

在高职院校的英语翻译教学工作中，要想切实提高教学的效率和质量，就应该要求教师创新教学理念和教学模式，提高学生的学习积极性。学校对教材要进行适当的更新和拓展。目前，我国很多高职院校在教材方面存在一定的落后性，这一点无法改变，但是教师在教学之前的备课阶段，可以通过互联网等方式进行教学内容的搜索，对教材内容进行适当的更新和拓展，丰富教材内容，使学生受到最新知识的熏陶。

2. 注重实践翻译

英语翻译不同于其他学科，它需要学生勤学苦练并注重实际效果。教师可以利用早自习的时间，让学生朗读和背诵经典的英语翻译，在加深学生理解的同时，培养他们的口语表达能力。英语的翻译在实际运用过程中主要是通过口语，所以扎实的口语功底对提高英语翻译水平具有重要的作用。教师还可以在课堂上展开小组讨论，围绕一个话题让学生阐释自己的观点，这也是将汉语翻译成英语的一种形式。这一过程中，教师可以更好地与学生进行互动，发现学生在翻译和表达过程中存在的问题并及时纠正。另外，由于中西方存在文化差异，因而学生在翻译的过程中可能存在误会或是翻译不到位的地方。只有通过不断的学习和实践，学生才能发现自己的不足之处，从而减少错误，提高翻译的准确性；只有相互交流，才能共同进步；只有多加实践练习，才能让学生获得真知。

3. 丰富课堂内容

因为高职院校的学生学习英语翻译主要是通过课堂教学，所以教师要不断丰富课堂教学的内容，不断变换教学形式。多媒体技术可以使课堂教学变得更加生动和形象，这就在一定程度上降低了英语翻译教学的枯燥性，可以让学生主动参与其中，并且在翻译的过程中感受到语言的魅力。需要注意的是，在课堂内容的设计和安排上，教师要根据课程标准的要求，着力提高学生的应用能力。对于学校而言，可以设置或搭建相应的网络学习平台，让学生在课堂之外通过平台进行自主学习并提高翻译的能力，最后结合课堂上教师所讲的内容举一反三，夯实翻译基础。

4. 注重文化差异

高职院校的英语翻译课程使学生在学习的过程中存在困难，主要是由于其对西方文化的认识和理解不足，所以教师需要加强对学生文化素养的培养，加深学生对西方文化的理解。教师在教学时需要在进行专业知识教学之余穿插一些与课程相关的西方文化背景知识，使学生能够加深对知识内容的理解和掌握，提高其英语语言驾驭能力。

第三节　高职英语教学中有效教学经验总结

针对目前我国高职英语教学中存在的问题，笔者结合多年的高职英语教学的实践经验，通过对高职英语有效教学的理论研究和实践探索，提出以下对高职英语有效教学的经验总结：

一、注重对学生兴趣的培养

心理学家研究认为，兴趣是人对事物积极而持久的认识倾向，它与大脑皮质中思维活动的兴奋中心相伴随。学生一旦对英语产生兴趣，就能极大地提高英语学习的积极性、主动性和创造性。正所谓，"知之者不如好之者，好之者不如乐之者"。所以，要提高高职英语课堂教学各个环节的有效性，首先要培养学生的英语学习兴趣。

当然，培养学生英语学习兴趣与高职英语课堂教学内容和教学方法存在直接关系，教师要注意以下几点：第一，教学方法要灵活多样，语言要生动幽默，善于启发诱导，从而激发学生的学习兴趣；第二，通过各种生动活泼的形式引导学生学习英语，逐渐培养其对英语学习的兴趣；第三，强化兴趣刺激物，为学生创造成功的条件，使他们在满足感中生发学习兴趣，如试卷难度要适中，使学生感到英语不难学；第四，进行学习英语的教育，远大的目标能够促进有趣向乐趣和志趣转化；第五，营造融洽、轻松、和谐的学习氛围，创设语言和问题情境等，以激发学习兴趣；第六，经常介绍所学英语国家的文化背景知识，以唤起学生的学习热情与兴趣。

二、分析学生学习动力不足的原因

部分学生英语学得不理想，其根本原因就是缺乏强烈的英语学习动机，加上没有掌握二语习得的正确方法，确切地说是缺乏真正适合自己的学习方法。因为"学习好的学生是那些掌握学习方法、懂得如何学习的学生"。

造成学生英语学习动机不足的原因主要有：①不感兴趣，或者其他课程的学习负担很重，难以兼顾；②英语基础差，对自己没有信心，知难而退；③教师教得不得法，英语教学条件差；④学生学得不得法，总感觉自己的英语学习是"事倍功半"，甚至是学了很久，却看不到任何进步；⑤认为英语与自己的专业或工作没有多大关系；⑥缺乏远大理想，性格内向，怕说错了丢面子。

三、激励学生增强英语自信

在高职英语学习中,信心主要体现在两个方面:学生对教师的信心和学生的自信心。教师应该创造一个惬意的语言学习环境,满足学生的心理需要,并把焦虑降低。因此,高职英语教师在英语教学实践中,应注意做到以下几点:

第一,创造愉快、民主、友好、和谐的课堂氛围,因为这种课堂氛围是帮助学生克服心理障碍、降低焦虑的有效途径。

第二,正确对待学生的语言错误。对于学生所犯的语言错误,只要不影响正常交际的顺利进行,教师应采取宽容的态度,这样有利于减轻学生运用目的语时怕犯错误的心理压力,增强他们的自信心。

第三,课堂操练首先要扫除语言障碍,以增强学生的自信心,确保学生人人都能开口。另外,课堂教学交际化可以弥补学生的性格缺陷,使内向型和外向型性格的学生形成互补,是克服情感焦虑的有效途径。

第四,在课堂上,教师既要鼓励学生大胆使用英语进行交际,也应允许学生沉默不语。勉强要求他们回答问题、表达观点,会使他们增加心理负担,从而增加其焦虑感。因此,教师在课堂上要尤为耐心。

第五,教师要对学生的差异采取宽容和接受的态度。

四、培养学生英语自主学习能力

（一）自主学习能力的含义及特征

20世纪80年代，英国教育学家霍莱克首次在外语教学中引入了"能控制自己学习的能力"即"自主学习"这一概念。他认为自主学习能力或学习者自主性是学习者自我承担学习责任并可以在具体情境中实施的潜在能力，具备该能力就意味着学习者具有掌握学习目标、方法、内容、态度及开展自我评价的能力。现代教育学认为，自主学习是指学习者在教师的指导下，可以独立自主研究特定学习对象并获取一定能力，最终用该技能或知识完成整个学习的过程。自主学习能力的特点如下：首先，学习者可以确定适合的学习目标、学习方式、学习内容、学习机会等；其次，学习者可监督控制自我学习过程、学习计划实施、学习技能运用与发展及检查评价；最后，学习者可改正、完善自我认知与评价，继续提高学习能力与应用能力。

（二）培养学生自学能力

首先，自主学习能力培养符合高职英语人才培养目标的要求。教育部对高职英语课程教学的基本要求就是要培养高职学生对英语的实际运用能力，彰显英语教学的实用性。这说明高职英语教育要培养的学生应该能直接步入社会，能从事英语实际工作，英语课程的建设及教学活动组织要以培养适合一线岗位人才为中心。因此，课堂教学不能一味地灌输理论知识，而是要积极引导学生养成自主学习的能力，让其在实际的工作中具备可持续发展的英语能力。其次，高职学生英语学习特征决定了自主学习能力培养的必要性。根据调查，60%的高职在校学生因英语成绩偏低、英语词汇储备不足、接受能力差、学习观念淡薄等因素，对英语学习存在排斥心理，甚至产生了一定的心理问题。很多高职学生在英语学习中常出现失衡、自卑及焦躁心理，进而导致丧失英语学习的目标与动力。同时，高职学生英语学习缺乏持续性与稳定性，在英语学习活动中常出现无计划、随机性和短暂性现象。因此，只有提高高职学生英语自主学习能力，才能让其在学习中形成对英语学习目标、学习方法、学习工具以及职业发展方向的正确认识。

（三）设置自主学习目标

清晰的英语学习目标可为学生产生英语自主学习的动力奠定基础，因此在高职英语教学活动中，教师要注重引导学生明确英语学习目标，并指导学生进行自我调整与调控。首先，高职教师可将英语教案向学生进行展示，让其对英语学习阶段及学习目标形成初步了解；其次，教师必须重视对学生阶段性目标的引导，通过阶段性目标了解学生学习状况及自主学习能力的进展情况；最后，教师在引导学生学习的过程中，要对目标下的学习活动、学习习惯、学习方式进行反馈，并指导学生对自我学习进行评价与调控，让其养成自主学习的习惯。

五、提升教师的专业素养

首先,要树立大阅读观,不断拓宽学科视野。苏霍姆林斯基说:"学生眼里的教师应该是一位聪明、博学、善于思考、热爱知识的人,教师的知识越深湛,视野越宽广,科学素养越全面,他就在更大程度上不仅是一位教师,而更是一位教育者。"可见,广博的综合文化素养是教师从教的前提。同时,教师拥有渊博的知识也会引发学生的钦佩和尊敬,有助于形成良好的师生关系。为此,教师必须树立大阅读观,不断拓宽学科视野。

其次,要躬身教学实践,积极参加教研活动。当前,教师要更新观念,突破传统教学僵化封闭的模式,大胆拓宽教学渠道,从形式到内容都要为学生搭建成长的新舞台,引入生活活水,精心设计丰富多彩、别开生面的实践活动,让学生在积极主动的参与中,在充满情趣的活动中,感受到学科的魅力。为此,教师要摒弃同学科教师之间及不同学科之间老死不相往来的陋习,积极参加辩论会、研讨会、报告会等各种教研活动,加强交流和合作,以扩大自己的知识面,开阔视野,改变知识结构。

最后,要注重教学反思,不断提高创新能力。华东师大叶澜教授认为:一个教师写一辈子教案不一定成为名师,如果一个教师坚持写三年的教学随笔就有可能成为名师。可见,一名优秀教师的成长过程离不开不断地进行教学反思这一重要环节。素质教育要求学生不仅要有扎实的理论基础，还要有较强的理论联系实际的能力，创新性地解决问题的能力。教师在教学中，只有不断地调整教学目标和完成目标的手段，才能使教学适应学生的学习，使之更贴近学生的实际，贴近学生的生活，贴近学生的思维，从而顺利实现教学目标。

总之，专业素养的提高是一项长期的、系统的、艰苦的工作。作为一名优秀的教师要从更高层次、更高境界中塑造和把握自己，使个人的主动性和积极性得到充分发展；在工作中充分挖掘自己的聪明才智，施展自己的创造能力，在教育实践中实现人生理想的升华。

第三章 基于职业能力培养的高职英语教学

我国高职教育正在不断地发展壮大,为国家培养了大批的服务于生产第一线的技能人才。目前,企业对技能型人才的素质要求不断提高,需要大量的具有实践能力和专业能力的技能型人才,从而对高职院校人才培养提出了更高的要求。因此,高职院校应该关注社会的实际需求,以高职学生职业技能培养为出发点,构建高职学生职业技能人才培养体系。最近一段时间,高职学生职业能力的研究已经得到了国内外学者的广泛关注,并且取得了较好的成果。本章主要阐述职业能力体系的概念、高职英语职业能力培养体系的内涵以及职业能力培养视角下高职英语教学改革。

第一节 职业能力体系的概念

"能力"一词是概括性的术语,从语义上进行分析具有很强的拓展性。能力的研究始于心理学,随后管理学、社会学等各个学科领域也相继对能力进行了研究。能力的概念可以从多个学科角度进行分析。心理学上关于能力的一般定义是:人们成功完成某种活动所必需的个性心理特征。根据我国对能力本位教育的总结，能力被定义为：能力是由知识、技能以及根据标准有效地从事某项工作或职业的能力，可视为完成一项工作任务可以观察到的、可度量的活动或行为。英国教育家认为能力不仅要有在职业活动中的知识、态度与技能，还要有在具体情境中能自由发挥的理解力和判断力。

通过上述对能力的定义可以看出，能力与职业活动密切相关，能力的内涵也在不断丰富。对能力的定义从整合的角度出发，笔者认为，能力是人在工作环境中所表现的知识、技能与态度的整合。

一、职业能力的概念

职业能力由"职业"和"能力"这两个词语组成。目前，对于职业能力的概念众说纷纭，还没有一个统一被认可的标准。邓泽民等人（2002）将职业能力的概念表述为"个体将所学的知识、技能和态度在特定的职业活动或情境中进行类化迁移与整合所形成的能完成一定职业任务的能力"。吴晓义（2006）认为，职业能力是从事职业活动所必备的本领，是成功地进行职业活动所必备的知识、技能、态度和个性心理特征的整合，其中包括特定职业能力、通用职业能力和综合职业能力。严雪怡（2007）从狭义和广义两个角度定义职业能力，狭义的职业能力指是胜任某个工作岗位的能力，广义的职业能力指某类职业群的共同基础能力。吴春苗（2010）认为，职业能力是指人顺利完成职业活动所必需的并影响职业活动效率的个性心理特征。从过程入手对职业能力进行定义，笔者认为，职业能力是在完成某一任务时应具有的知识、技能和态度的基础之上，能够通过整合而形成的可迁移的综合职业能力。

二、职业能力标准

职业能力标准是由"职业能力"和"标准"这两个词语组成的。目前，对于职业能力标准尚没有一个统一的界定，因此需要根据实际情况对其进行解释。界定职业能力标准，首先要明确标准是什么。标准的概念为：为了在一定的范围内获得最佳秩序，经协商一致制定并由公认机构批准，共同使用的和重复使用的一种规范性文件。通过对标准概念的界定可以看出，标准是统一的、能被公认的且具备科学性和规范性的。简言之，标准是一种在某领域里要遵循的准则。根据对标准和职业能力的界定，职业能力标准是对可迁移的综合职业能力进行的、能够被行业领域公认且具备统一执行力的准则。这就意味着职业能力标准是可以被拿来直接使用的，具备规范性和科学性的特质。

三、高职教师核心职业能力的概述

（一）高职教师核心职业能力内涵

我国的高等职业教育发展至今已经有40多年了，业内专家学者对高等职业教育理论的研究不胜枚举，特别是在师资队伍建设以及教师职业素养与职业能力方面的论述，有了长足的进步，取得了诸多令人瞩目的成果。借鉴国内外理论界的研究成果，笔者认为高职教师职业能力是指其教育教学工作过程中必备的职业素质与能力，分为基本职业能力、关键职业能力和专属职业能力三个层次，包括基本职业素养或"双师"素质、教学设计与教学研究、教学组织与教学实施等教学能力；教学资源开发、科研能力，校企深度合作与产教融合，企业工作实践与行业影响力；专业实践能力、职业规划与团队合作能力等多个方面。《国务院关于印发国家职业教育改革实施方案的通知》高度明确了职业教育与普通教育是两种不同的教育类型，具有同等重要地位，从而厘清了高职师资队伍建设的思路，为广大高职教师核心职业能力的提升指明了方向。

（二）高职教师核心职业能力要求

1. 扩招赋予高职教师新的责任担当

高职院校逐步扩大了招生，生源情况更加复杂化、多元化，包括高考生、"三校生"、退役军人、下岗失业人员、农民工和新型职业农民等，来自不同的社会阶层。他们不仅年龄差距巨大，个人成长经历迥异，学习基础参差不齐，而且技能水平、个人素质高低不一。进入高职院校的学习需求也有较大的差异。虽然有专业人士出谋划策，高职院校也都在采取积极的应对措施，但总体上而言，高职院校教育教学和日常管理的难度还是大大增加了。

高职院校师资队伍是保证教学质量的主要人力资源，急剧增加的学生数量以及生源多元化对教师的职业能力提出更大的挑战。高职院校拥有一支专兼职教师队伍，有"双师"型教师团队等，但是教师整体素质还是相对薄弱。面对未来将进入各行各业一线岗位工作的学生，迫切要求广大教师提升职业能力，既要有深厚的专业知识和较强的专业能力；又要爱岗敬业、不懈追求，有严谨的专业精神，善于研究，在工作中挖掘学生的潜能，熟练掌握适应岗位标准的职业技能，并教导学生勇于奉献、敢于担当，树立正确的社会价值观和责任意识。

2. 新时期高职教师的新使命

"互联网+"教育带来了教学资源的多样性、开放性和个性化，高等职业教育教学发生了根本性变革。教学模式和教师的角色都相比传统教学发生了改变，不仅要求教师要有良好的信息素养，积极投身于信息时代的教学实践，而且要求教师要拥有深厚的学科知识背景，掌握教育教学理论与方法，及时了解跟踪高职学生的网课、慕课等线上线下的学习情况，引导学生有效选择适合个人学习的个性化学习资源。

四、高职学生职业能力的构成

社会岗位对人才职业能力的要求不断提高,在聘任员工的时候主要从职业知识、职业技能和职业品质这三个方面进行考核。这些方面也就成为高职学生需要具备的主要职业能力。

(一)职业知识

职业知识主要由两个部分组成,分别是基础知识与专业知识。高职学生应该具备的基础知识有人文知识、自然科学知识、艺术修养、英语知识等。基础知识的学习可以提高高职学生的思维能力,扩大他们的知识面,提高他们的人文素质,进而有利于高职学生价值观、世界观以及人生观的形成。高职学生学习基础知识的最终目的是能够形成自身的能力,建立完善的人格,培养较强的社会责任感。高职学生在以上方面的提升有利于在进入工作岗位后充分发挥自身的职业技能。目前,社会经济发展对高职学生的专业知识也形成了比较明确的要求。高职学生应该掌握的专业知识有以下几个方面:和本专业相关的专业知识、交叉学科知识以及信息技术知识等。

(二)职业技能

职业技能是高职学生能够适应工作岗位的实际能力,是高职学生对所学的职业知识进行消化吸收、交叉融合、拓展创新的能力,是高职学生素质的外在表现。近年来,社会经济发展要求高职学生应该具备以下几个方面的能力：不断学习的能力、知识描述能力、职业规划能力、知识运用能力、职业转换能力和核心竞争能力。高职学生不仅应该关注上述能力的培养，而且应该加强自己实践操作能力的提高。高职学生实践操作能力的提高，有利于其职业能力的提升。高职院校可以为学生提供实践操作的平台。在生产实践的过程中，他们可以不断提高自身的创新意识和探索精神，进而能够适应因社会发展而产生的新的工作环境，从而使自身的潜能得到充分的发挥。高职学生在生产实践过程中的相互协作，还可以有效地塑造他们的健康人格。因此，高职院校不仅应该提高实训课程的比例，而且应该积极地与企业进行合作，从而为高职学生的职业技能培养提供广阔的平台，将职业技能的培养引入高职院校的教学体系中。

（三）职业品质

职业品质主要包括三个方面的内容，分别是职业行为、职业价值和职业道德。职业行为是指人们对职业劳动的认识、评价、情感和态度等心理过程的行为反映，是职业目的实现的基础；职业价值指人在职场中能够发挥的能力与作用；职业道德则是职业品质中最重要的方面，主要体现在遵纪守法、具备较强的社会责任感、关心社会公益、具有终身学习的理念等。职业品质是职业能力的基础，并且对高职学生的其他能力有着比较深远的影响。高职学生通过逐步形成良好的职业品质，来加深对社会职业岗位的理解，同时可以依据社会以及社会岗位的利益对自身的职业进行清晰有效的判断，从而能够胜任工作岗位。高职学生应该意识到职业品质和职业技能是同等重要的，职业道德的缺陷将导致许多不良的职业行为，使社会利益遭受巨大的损失。为了能够促进社会经济的可持续发展，树立良好的职业岗位形象，高职学生应该形成良好的职业品质，遵守法律法规，塑造职业的责任感，从而能不断地提高自己的综合素质。

综上所述，职业能力属于一个非常复杂的系统工程。高职院校应该对当前的实际情况有充分的了解，并且不断地转变教育观念，设置合理的专业体系和课程体系，从而使学生的职业能力培养与职业教育紧密地结合起来，这样不仅有利于高职学生就业竞争力的提升，而且可以促进高职院校教学质量的不断发展。

第二节　高职英语职业能力培养体系的内涵

一、高职英语职业能力培养体系的概念

高职英语职业能力培养体系是高职英语教育改革的重点工作。职业能力培养是高职教育的目标与特色，为了培养高职英语专业学生的职业能力、加强英语专业教育与社会企业的衔接，许多高职院校的英语专业在课程设置上以模块为特色，将英语专业与行业英语相结合，设

计了以职业能力为特色的培养模式,充分利用课堂教学、课程综合实践、毕业综合实践、校外实训等平台培养学生的职业能力。与行业接轨的教学模块有商务英语模块、旅游英语模块、涉外翻译模块及幼小英语教育模块等。这样的课程体系设置充分体现了"以提升学生职业能力为导向,以职业能力为核心"的办学理念,也体现了职业教育紧密结合实际、以培养社会需要的实用型人才为目标的特点。高职英语职业能力培养体系构建的理念是:市场需求是职业能力培养体系构建的依据,职业能力培养体系的构建应坚持以企业需求为主要依据。学校应根据市场调查情况、毕业生反馈的用人单位信息,分析总结用人单位对人才素质和能力的要求,以此提高职业能力培养体系的时代性、科学性、针对性,真正做到以企业需求来促进职业能力培养体系建设的完善。

学校要对各企业需求的人才素质进行科学分析,了解市场紧缺的人才类型,认真分析本校专业建设的现状,借鉴同类院校职业能力培养模式,制定可行的培养计划。

二、高职英语职业能力培养体系的内容

高职英语职业能力培养体系应体现两大主题,即英语应用能力和职业技能。企业招聘高职英语专业学生首先看重的是其英语语言应用能力,在此基础上关注其职业技能水平。因此,学生应明确英语应用能

力在将来择业时的重要性，打好语言基本功，将专业知识学扎实，全面提高英语听、说、读、写、译的能力，在此基础上，结合行业英语的特点来培养自己的职业能力。

在职业素质能力标准下，高职应用英语专业培养的人才要具有良好的职业道德和职业素质，行为规范符合本行业的准则，具有良好的个性品质，具有一定的实践能力、创新能力和语言应用能力；要求具有扎实的英语语言基本功，具有较好的英语表达能力，熟悉本行业的语言表达方式与沟通技巧；具备一定的应用英语写作能力，能合理规范地完成行业英语相关书面材料的撰写。在专业技术能力标准要求下，高职应用英语专业培养的人才要具有一定的行业英语理论知识，熟悉行业英语应用流程与组织应用方式，能有效地将理论知识应用于实践；具有一定的实践能力、开拓创新能力；要求在熟悉理论知识的基础上，能发挥个性特长，创造性地将理论知识应用于实践。

三、发展高职英语教育专业职业能力的策略

1. 分层教学模式的建立和有效应用

针对学生基础参差不齐的情况，教师在教学中可以采取分层教学的方法。分层教学是根据学生现有的英语知识、能力水平和潜力倾向，把学生分成几组水平相近的群体分别教学，在教师恰当的分层策略和相互作用中，使各个群体得到最好的发展，以达到更好的教学实践效果。

三个层次可暂且称为 A、B、C 层。教师在教学中,对 A 层的学生要做到少讲多练,让他们独立学习,注重培养其综合知识运用的能力;对 B 层的学生,则实行精讲精练,重视双基教学,着重在掌握基本知识和训练基本技能上下功夫;对 C 层的学生则放低起点,浅讲多练,查漏补缺,弄懂基本概念,掌握必需的基础知识和基本技能。

2. 以就业为导向建立高职英语教育专业的人才培养方案

应该培养学生将专业知识学扎实,在此基础上以就业为导向,以岗位需求为标准,设置与行业接轨的英语课程体系,突出实践能力、应用能力的训练,来全面培养学生的职业能力。高职英语专业各模块应以"如何培养合格的职业人"为核心,确定本专业的培养目标。

3. 综合利用课外时间,加强学生知识的巩固和能力的提高

高职学生相对而言都有比较充裕的课外时间,如何引导学生有效利用好这些时间非常关键。语言能力的提高仅仅依靠短暂的课堂时间是远远不够的,还要丰富学生的课余生活,培养学生的综合素质,发展学生的个性特长。为了使学生毕业后能顺利踏进职场,实现学生从学校到企业的零过渡,可以开展实践活动,使学生及早了解社会、进入社会,不但培养了学生的谋职能力,而且增加了学生的职业认识程度。高职培养的人才最终要面向社会适应市场,只有市场认可、社会需求,职业教育才有出路,高职英语教育专业的学生才能具有更高的职业竞争力。

4.转变教学观念，建立以学生为中心的教学模式

高职英语教学必须走出以往一味地强调词法、句法、章法等语言的基本功的教学误区，坚决回归语言的本质功能，实施"以应用为目的，以必需、够用为度"的原则，开展实用英语教学，培养学生的语言应用能力。高职高专英语教学必须从根本上转变教学观念，并对教学方法、教学内容、教学模式等都不断探索和改进，在整个教学过程中，强调语言技能的培养，突出实际应用，并最终达到使学生具有阅读和翻译与本专业有关的英文资料的初步能力。高职英语教师要特别重视转变教学观念，在课堂教学中要以学生为中心，采用以应用为目的的活动型、实效型教学模式；在教学过程中正确处理好语言知识、语言技能与语言能力之间的关系。

第三节 职业能力培养视角下高职英语教学改革

一、能力培养的理论基础与教学模式

（一）能力培养的理论基础

1.建构主义

美国教育心理学家布鲁纳认为，学生不是被动的知识接受者，而是积极的信息加工者。他提倡情境性教学。建构主义理论认为，学习者

的知识是在一定的情境下，借助他人的帮助，如人与人之间的协作、交流，利用必要的信息等，通过意义的建构而获得的。

在教学中，教师首先应选择与生活经验有关的问题，同时，提供用于更好地理解和解决问题的工具，然后让学生单个地或在小组中进行探索，发现解决问题所需的基本知识技能，在掌握这些知识技能的基础上，最终使问题得以解决。

2. 参与理论

格雷格·柯瑟林是美国网络教育专家。他倡导的参与理论是一种基于技术的网络学习模式，其基本观点是学习者必须通过与他人的互动，积极参与富有意义的学习活动，参与理论的出发点是建立成功的合作群体，完成对于该合作群体之外的有意义的富有挑战性的任务。其核心思想是创建协作小组，让学习者以小组为单位，相互协作完成真实的、有意义的项目。这一核心思想中包含三大基本原则：相互协作原则、项目导向原则和真实性原则，即互动—创造—有益。

3. 合作／协作学习

美国教育学者嘎斯基（T.R.Guskey）博士对协作学习进行了如下描述：从本质上讲，协作学习是一种教学形式，它要求学生在由2—6人组成的异质性小组中一起从事学习活动，共同完成教师分配的学习任务。在每个小组中，学生通常参与各种需要合作和互助的学习活动。

（二）能力培养的教学模式

1. 项目化教学法

项目化教学法指师生通过共同实施一个完整的项目工作而进行的教学活动。它是"行为导向"教学法的一种。

一个项目是一项计划好的有固定开始时间和结束时间的工作，原则上项目结束后应有一件较完整的作品。实施的流程如下：①明确项目任务，教师提出任务，学生讨论。②学生制定计划，教师审查并给予指导。③学生分组及明确分工，实施计划，合作完成。④学生自我评价，教师评价。⑤记录归档，实践应用。

2. 任务型教学法

任务型教学法是 20 世纪 80 年代兴起的一种强调"在做中学"的语言教学方法，是交际教学法的发展，在教育界引起了人们的广泛关注。近年来，在语言学习领域，这种"用语言做事"的教学理论逐渐被引入我国的英语课堂教学，是我国英语课程教学改革的一个方向。任务型教学法强调"以学生为中心"，建立民主平等、情感交融、合作交流的师生关系，教师启发学生主动自觉地完成学习任务，学生积极主动地参与到课堂教学的全过程。

任务型教学法有助于激发学生的学习兴趣；将语言知识和语言技能结合起来，有助于培养学生的综合语言运用能力；启发想象力和创造性思维，有利于发挥学生的主体性作用；培养人际交往思考决策和应变能力，有利于学生的全面发展；激励学生独立思考、积极参与，养成良好的学习习惯。

二、教学方法的变革

（一）课堂教学的职业化

学生在学校中的学习以课堂学习为关键，所以对学生来说，提高他们的课堂学习效率是提升他们学习成绩的有效方式。要以学生的基本学习状况为基点，采取分类别的授课方式，将学生的学习主体地位凸显出来，辅之以教师的方法建议，赋予整体的课堂教学以生机和活力。这就要求教师具有较高的内容掌握能力，有针对性地培养学生的职业能力，提升他们的整体素质。

1.通过对话方式提升交流能力

在英语教学实践中，对话教学方式是教师经常会用到的一种增强学生英语口语表达能力、拉近教师与学生之间的距离、创造良好师生关系的有效方式，它可以在最大限度上帮助学生牢固掌握英语学习的关键内容，培养他们相互交流的意识，促进他们的沟通。

通过对话，学生可以将生活中应用到的英语交流内容转化为专业的职业英语表达内容。目前，高职高专英语教学书本上所包含的口语学习内容主要分为日常生活交际用语、表达谢意与歉意用语、沟通喜好与兴趣用语,虽然其中也涉及一些专业的商业用语,但是不能适应学生将来的工作需要。因此,教师可以通过专门性的教学内容的选择来对学生进行有针对性的培训,将他们培养成未来工作岗位需要的专业对口的专门型人才。

2.强调阅读实践

目前,常用的高职高专英语教学书本为《新编实用英语》和《新视野大学英语读写教程》等,这些课本中的内容与学生将来将会在工作岗位上见到的商业合同、专业的文本资料和说明书等文献资料没有太大的关系。所以,教师需要在这些问题上有所注意,有针对性地解决学生在未来工作中将会遇到的问题。

3.锻炼基本的英语能力

对于大多数学生来说,他们并没有太多的机会接触真实的英语语言环境,所以他们缺乏真实的英语语言锻炼平台。人们常说学以致用,之所以学习,就是为了以后的运用。因此,在进行听力练习时,教师需要结合具体的实际情况为学生进行讲解,使学生能够有效了解语境,从而更好地掌握所学的英语知识。

在语音教室上课时,教师的授课内容不能仅局限于教科书上,而应该充分利用教学资源进行广泛的教学。对于与生活和就业密切相关的话题,如就医看病、社交礼仪、亲身故事、锻炼身体、学习策略、尊老爱幼、风俗习惯、沟通障碍、环境话题、人口压力、行业发展等,可以让学生分组模拟现场,即时交流课题内容,然后进行竞赛、辩论等,要让每个学生都能够得到表现的机会。

(二)学习内容的职业化

对于英语水平不等的学生要进行基础提升,应多练习听、说、读、写,从基础培训上展现职业能力,为专业英语等方面的学习打好基础,争取做到"三化"。第一,岗位英语画面化。模拟职业现场,设置常见的情境,提高学生的英语基础能力。第二,专业英语模块化。根据不同专业领域划分为商务英语、法律英语、建筑英语等,然后依据不同领域的不同要求,开展有计划、有目的、有侧重点的英语学习。第三,人文英语趣味化,主要内容为与梦想、道德、就业相关的名言名句、电影歌曲、书籍艺术品等,让学生不仅能够提高英语水平,也能提升自身的人文修养。

(三)共同协作的学习方式

在教学中,教师可以充分地把公共英语教学与现代多媒体信息技术整合起来,建立互联网英语学习平台,促进教师与学生之间进行双向互动,了解彼此的动态及相关信息。这样可以大大地提高教学质量,使英语学习更加高效,不再局限于课堂与教科书,而成为开放式的、自由式的、便捷式的学习。这种双向互动形式多种多样,有文字交流、音频交流、视频交流等。它将教师、学生、教学资源、教学设施四种因素构建成一个整体的网络系统，在这个系统里，彼此之间可以互相帮助、互相学习、互相协作、互相竞争，每一个个体都扮演着不同的角色，共同为提高学生英语水平而努力。教师借助这个系统，不仅可以轻松地制定相应的学习任务、督促和检测学生的学习情况、减轻自己的工作量，也可以在部分学生迷茫的时候给予及时有效的帮助和指导，促进师生关系融洽和谐。

（四）教学方法方面的创新

常用的教学方法有讲授法、谈话法、讨论法、演示法、陶冶法等。要培养高职学生的职业素质，就必须采用创新的教学方法。

1.站在职业角度提升教学手段

在当前高职英语教学中，教师应以培养学生的听、说、读、写、译能力为基本目标，不断创新英语教学手段，以更好地培养学生的英语职业能力。例如，在高职英语教学中，学生的英语基础往往参差不齐，如果采用大班统一授课的方式开展英语教学，往往无法兼顾英语基础较好或较差的学生，导致学优生"吃不饱"，学困生"吃不消"。因此，应根据学生的学习情况开展英语教学改革，以更好地提升英语课堂教学质量。

2.谈话法+讨论法+表演法

在涉外职场英语的对话教学中，教师以引导者的身份与学生交流，循序渐进地将教学内容进行渗透，并且与学生讨论不同情境中的不同表达内容。教师与学生都必须提前做好充分的准备，准备与话题相关的词条或表达，或以多媒体的呈现方式展示。随后，教师将不同词条分配给各小组，充分讨论后让学生完成本组作品并展示。教师要随时记录语言活动中的优缺点，表演完成后与学生共同点评。

3. 演示法+表演法

在能找到相关媒体资源的前提下，教师利用多媒体手段向学生展示教学内容，让学生直接感知教学内容，如播放听力材料、语音模仿、职场英语对话影像、英语歌曲、教学视频等。演示法可以反复进行，既能创造真实的语言环境，又能加深学生对教学内容的印象。通过观看这些教学内容，学生进行实践练习，既能增强他们的自信心，又能使其从媒体资源中找到灵感，激发了他们的创造力。

4. 陶冶法

根据教学内容，教师寻找适当的媒体资源，在教学过程中穿插播放，如英文歌曲、英文电影片段、视频片段、采访录或纪录片等。这种形式直观、生动、形象，既能活跃课堂气氛，又能开阔学生的视野，对全面提升学生的素养有着不可替代的作用。

第四章　高职英语信息化教学

随着信息技术的不断发展，信息技术与社会生活之间的联系更加密切。其中，教育领域对于信息技术的应用已经逐渐成熟，教学工作者通过科学合理的信息技术手段，可以大幅度地提高教学效率，增强教学趣味性和模拟性，促进学生综合素养的提高。高职阶段的英语教育强调能力和素质，在开展教学工作时，教师可以适时结合新技术条件，采用具有技术含量的教学策略和教学方法。本章首先阐述信息化教学模式的内涵，进而分析信息化教学环境下的英语学习模式，最后讨论信息化教学环境下的英语教学方法。

第一节　信息化教学模式的内涵

一、信息化教学概述

（一）信息化教学的概念

信息化教学是与传统教学相对而言的现代化教学的一种表现形态。它是在现代化教学理念的指导下，重视现代信息技术，如现代网络技术、计算机及多媒体技术和卫星通信技术等在教学中的作用,充分利用现代教育技术手段,应用现代教学方法,调动多种媒体资源、信息资源,构建良好的教学与学习环境,并在教师的组织和指导下,充分发挥学生的主动性、积极性和创造性,使学生能够真正成为知识、信息的主动建构者,从而达到良好的教学效果。概括来说,信息化教学就是以现代教学理念为指导,将教育信息资源、教学方法和现代信息技术进行深度融合的以混合学习为特征的一种新型教学形态。它既是教师运用现代信息技术进行的教学活动,又是信息技术与教育教学深度融合的具体体现。

在信息化教学中,教师要充分将教学观念、教学内容、教学组织、教学模式、信息技术、教学评价与信息技术教学环境等一系列因素深度融合,其典型特征是数字化、网络化和智能化。从技术层面看,信息化教学具有教学的数字化、网络化、多媒体化和智能化等特点;从教学过程层面看,信息化教学具有教学个性化、学习自主化、活动合作化、管理智能化、资源全球化和信息表征多元化等特点,是以学生为中心、以学习能力培养为目的的教学。

(二)信息化教学的各个要素

传统教学系统的三要素包括学生、教师和教学内容,三者之间相互影响、相互作用。学生是学习的主体,所有的教学内容都是围绕着学生这一主体而组织安排的，学生是教学活动的出发点，也是教学活动的落脚点；教学内容是教学活动开展的基础，是学生学习的主要对象、教师教学的主要内容；教学活动是通过教师来实现的，教师在教学活动中起主导作用，教师在教学过程中通过发挥主动性来调整学生的学习活动和教学内容，使教学达到最优化的程度。然而，教师的主导作用是否产生了理想的教学效果，还要通过学生这个要素来检验。由此可以看出，在传统教学中，各个要素之间相互作用，从而形成教学系统。

移动互联网技术、无线通信技术的发展和"三通两平台"的建设为"网络化、数字化、个性化、终身化"的教育体系和"人人皆学、处处能学、时时可学"的学习型社会提供了实现的可能。

信息化教学系统将传统的三要素拓展为集教师、学生、家庭、社区、学校、社会、资源和管理于一体的生态体系，从而形成了新的信息化教学系统。信息化教学系统体现了教学主体、教学资源、教学环境与信息技术的深度融合。与传统的教学系统相比，信息化教学系统的特征是教学主体多元化、融合化，体现了协作、探究、开放、自主的特点，也体现了教育信息化的特征。

（三）信息化教学的特征

信息化教学的特征可以从技术层面和教育层面两方面加以考察。从技术层面看，信息化教学的基本特点是数字化、网络化、智能化和多媒体化。数字化让授课变得更加便捷、高效；网络化让课程素材得以被广泛使用，在时间、空间方面摆脱了束缚；智能化让人工授课、网络授课更畅通、便捷；多媒体化让声音、图像等工具综合化，数据资源多样化。从教育层面看，信息化教学的基本特征是开放性、共享性、交互性与协作性。开放性使教学具备实践性质，让学生形成终身学习的意识，让学习变得更主动。未来一段时间内，教学会从校园逐步进入家庭、小区及农村，甚至走向更多科技遍及的区域，学习者进行"充电"可以不受时间、地点等因素的制约，可以在任何时间通过互联网，依据自身需要、学识基础、特长爱好、学习习惯及自身的目的去选择相关的学习素材、方法、进程，制定处理问题的计划，进行学习。共享性作为信息化的根本特点，给授课学习提供了许多学习素材、信息文案、资源、应用程序之类多样化的授课素材，产生了一个具备完整性、综合性的素材空间。交互性有助于学生与教师进行沟通以及提出问题，同时便于学生间互相交流沟通，充分发表自己的见解。在此过程中，学生可以了解思考问题、处理问题的不一样的方式方法，还可以互相解答对方的问题，进行解析及点评。协作性使教育者有更多的与他人协作和研讨的时间和空间，使学习者可以通过网上合作、小组合作及与计算机合作等多种合作方式来增加与他人的合作机会。

（四）信息化教学的教学原则

教学原则是为体现教育教学目的、反映教学规律而制定的指导教学工作的基本要求。它既指教师的教学，又指学生的学习，应贯穿于教学过程的各个方面和始终。它反映了人们对教学活动本质性特点和内在规律性的认识，是推动教学工作有效进行的指导性原理和行为准则。教学原则在教学活动中的正确和灵活运用对提高教学质量和教学效率有着重要的保障性作用。教学原则是有效地进行教学必须遵循的基本要求，对教学中的各项活动起着规范和制约的作用。传统教学要遵循一定的教学原则，信息化教学也要遵循一定的教学原则，并在其指导下更加有效地开展教学活动。与传统教学不同的是，信息化教学的原则具有信息时代的特征。信息化教学主要遵循以下教学原则：

1. 资源整合性原则

信息化教学是将信息技术、信息资源、人力资源和课程内容等一系列要素整合在一个系统中，有机地将各种要素结合起来，共同完成教学任务的一种教学方式。因此，整合性原则是信息化教学的首要原则。在信息化教学过程中，教师应当将信息技术有效地融入各类教学中，将教学系统中的各项要素和各类教学资源有效地整合在一起，将各种理论、方法和教学媒体有机地结合起来，在整个教学过程中协调各要素之间的关系，发挥系统的整体优势，以提高教学效率。

例如，在为学生讲述有关旅游方面的内容时，教师可以利用信息技术大量检索相关旅游地区的风景名胜、历史事件、传说等，并将其融入教学内容中；这样不但能够丰富教学内容、拓宽学生视野，而且能将信息资源与课程内容有效结合在一起。

2. 教学直观性原则

教学直观性原则是指在信息化教学环境中为学习者创设一定的情境、提供丰富的学习资源，同时通过教师给予指导、形象描述知识等教学活动来促使学生积极观察、主动探究，使学生对所学事物形成清晰的表象，从而丰富感性知识，主动构建知识的意义，最终正确地理解所学知识并发展认知能力。信息化教学环境集多种媒体资源、各类教学设备和各种支持系统于一体，能够为教学直观性原则的落实提供多样化的教学资源、丰富的教学功能及各类教学支持。

例如，在进行有关美食内容的教学时，教师可以通过播放电影、音乐、图片等资源来为学生创造相应的学习环境，以使他们更为直观地理解教学内容，从而帮助他们形成良好的认知。利用多种信息化教学设备辅助教学还能够提升课堂的趣味性。

3. 学生参与性原则一

学生参与性原则是指学生在教师的引导下积极参与教学活动。这种参与能够唤起学生的主体意识，发挥学生的主体作用，发掘学生的学习潜能，培养学生的学习能力，增强学生学习的责任感与合作意识，从而有效地提高教学质量，更好地完成教学任务。

在信息化教学过程中，学生成为教学活动全过程中自觉的、能动的参与者，成为知识的主动探索者与发现者，成为自己主体建构与发展的主宰者，并可以在每次参与过程中实现其主动性、能动性与创造性的发展。教师应当借助信息技术手段（如游戏）、丰富的教学资源来调动学生的积极性、主动性和参与性，使学生通过不同层次（个人参与和小组参与）、不同方式参与到教学过程中。

4.启发性原则

启发性原则是指教师利用先进的教育理念，在信息化环境的支持下，采用多样化的方式引导学生的学习，并且在教学中最大限度地调动学生学习的积极性和自觉性，激发他们的创造性思维，从而使学生在融会贯通地掌握知识的同时，充分发展自己的创造能力与创造性思维。

启发性原则是在现代教育理念的指导下，教学与发展相互影响和相互促进规律的反映。信息化教学不仅要求教师向学生传授知识、技能和技巧，还要求教师能够促使学生主动对知识进行意义建构，同时促进学生情感、态度和价值观的发展。教学与发展是相互依赖、相互促进的，教师在教学中要将学生视为学习的主体，积极利用信息手段，设计多样化的教学活动，利用多媒体手段启发学生积极思考，促使他们自己提出问题、分析问题与解决问题。

启发性原则也是信息化教学适应信息化社会需要这一规律的具体体现。信息化社会发展的趋势要求学校教育教学必须培养学生的信息素养、革新精神和创造能力。只有这样，学校所培养的人才才能适应未来瞬息万变的社会要求，才能以新的思维方式捕捉新的、有价值的信息，也才能在未来的工作中敢想、敢干，为社会创造财富。目前，通过信息化教学发展学生的创造性思维、培养创造型人才已经成为教学改革的重心。

5. 师生协作原则

建构主义学习理论要求学生主动建构知识，教师要成为学生建构意义的促进者，它强调学生主体地位与教师的主导地位。学生的主体性在教学过程中具体表现为自主性、主动性和创造性。师生协作原则是指在信息化教学过程中，教师既要充分发挥自身的主导作用，又要充分调动学生学习的积极性和主动性，正确处理教与学的关系，把自身与学生的积极性都调动起来。

师生协作原则在信息化教学中的作用应充分体现在强调学生是学习的主体、突出学生主体在教学中的积极作用上。这是因为学生的学习是一种自觉的、能动的活动。也就是说，学生要把教师提供的一切认识材料转化为自己的东西，就必须通过积极、主动的思考去接受、理解、消化和运用。教师的主导作用和学生的主体作用是相互协调、相互促进和互为条件的两个方面,二者应该紧密结合、协同活动,才能有效地发展学生的个性,提高教学效果。

二、信息化教学的模式

网络信息化教学是一种教师与学生互动的学习模式。传统的英语教学是以教师为主体的,大大阻碍了学生创造性思维的发展,也限制了教师的发展空间。新的教学模式不但开阔了学生的学习视野,而且对教师的专业知识、信息化素养、知识范围提出了更高的要求。同时,随着学生创造性思维的不断发展,教师可从学生活跃的思维浪花中体会、学习到非常规的思维方式,进而促进其知识的全面发展。学生间的交流是掌握知识的重要途径。在英语的常规教学中,学生的知识信息主要来源于教师,学生的学习交流一般都是在课后与放学这一段时间内。而网络为学生的英语学习提供了广阔的交流空间,教师可以指导学生在一些网站上留言,把自己的问题放到网上去,让同学或其他人为其解答问题。

学生也可以通过阅读、查资料等方法去解答其他人的一些问题。当为别人成功地解答一个问题的时候,学生心里就会充满自信和成就感。为了便于交流,教师还可以鼓励学生在网上用英语聊天,到一些著名的网站和同学、网友用英语进行交谈。这样,学生们既增强了运用英语的能力,又学到了很多书本上学不到的知识,从而对英语越来越感兴趣。这对于学生之间的协作学习也很有益处。

三、信息化教学的结构环境

当前,教育界主要有三大类教学结构,即以"教"为中心的教学结构、以"学"为中心的教学结构和"教师为主导、学生为主体"的教学结构。各个教学要素在不同的教学结构中扮演着不同的角色,发挥着不同的作用。以"教"为中心的教学结构是指以教师的教为教学活动的出发点,教师对教学活动进行设计、组织,将知识传递给学生,学生只是被动地接受知识。在这种教学结构中,教学媒体是辅助教师教的演示工具,教材作为教学的基础,是学生知识的主要来源。以"学"为中心的教学结构是指以学生的学为教学的出发点,学生主动对知识进行建构,是信息加工的主体,教师只是教学的组织者、指导者,是学生意义建构的帮助者、促进者。在这种教学结构中,教学媒体主要作为学生的学习工具,教材不再是学生唯一的知识来源,学生通过自主探究学习,能够获取更多的信息资源。

"教师为主导、学生为主体"的教学结构是指在教学过程中既要发挥教师的主导作用,又要充分体现学生的主体作用。在这种教学结构中,教师根据学生的特点选择、设计特定的教学内容、教学媒体和交互方式;学生在教师的帮助下,对教师设计的学习资源进行主动的意义建构；教学媒体既是教师的教学工具，又是促进学生自主学习的认知工具；教材不是唯一的教学内容，通过教师指导、自主学习与协作探究，学生可以从教师、同学及专家等多个学习对象和多种教学资源中获得知识。有学者将信息化教学资源环境分为以下三种：

（一）教学授递环境

教学授递环境主要是指信息化教学场所。以下主要分析多功能教室、微格教室、移动互联网教室三种。

1.多功能教室

配备多种教学媒体、设备，能满足多种教学需要的教室称为多媒体教室，一般配有计算机、放像机、投影仪、视展台、屏幕、音响等设备。为了便于教师操作，多数多媒体教室采用中控控制各设备的工作与信号切换。

2.微格教室

微格教室，又称为微型教学实验室或教学技能实训教室，是一种专门设计用于教育者和学习者进行模拟教学和实践的环境。它通过先进的视听设备和技术，营造一个受控的教学环境，使教学技能的培养和训练更加系统化和标准化。在这种环境中，学习者可以在模拟真实课堂情境的基础上，进行课堂教学演练，并得到及时的反馈指导，从而提升其教学技能和教学方法的应用能力。

微格教室是一个集模拟教学、实践教学、技能提升和反馈指导于一体的教学环境，对于提高教育教学水平和培养优秀教育者具有重要意义。

3. 移动互联网教室

移动互联网教室作为新型的教学授递环境，为以教为主的教学提供了教学环境和教学平台。它可以支持各种类型的教学传播，从个人、小组、群体到众体，并且它的传播功能可以突破时间和空间的限制。教师利用各种教学软件和丰富的网络资源设计适合多媒体呈现的生动形象的教学课件，丰富了教学内容，改变了单一媒体呈现教学内容的方式。网络资源和教学软件起到辅助教师讲解和演示的作用。

教学授递环境为以"教"为中心的教学提供了有力的支持。教师作为教学的主体，可以借助教学授递环境提供的媒体设备向学生传授知识，利用多种媒体呈现教学内容，刺激学生的感官，激发学生的学习兴趣。现代教学媒体承载并传递教学信息，教师运用多媒体技术将抽象的教学内容形象化、具体化，不仅可以丰富教学信息的表现形式，还可以激发学生学习的积极性和主动性。

（二）信息资源环境

教学信息资源环境主要表现为软件工具，其特点是拥有大量的信息资源并能自由访问，它为以"学"为中心的教学提供了有效的支持。

在这一环境中，教师作为教学的组织者、指导者，根据学生的特点组织教学内容、设计教学活动,利用教学媒体和大量的教学资源创设情境,引导学生主动探究,帮助并促进学生对知识进行意义建构;学生作为教学的主体,利用教学媒体在大量信息资源的支持下开展自主学习、协作学习和探究学习;教材不再是学生知识的唯一来源,信息资源环境提供的自由访问能够让学生从各类信息系统中获得大量的知识。

（三）集成化资源环境

集成化资源环境集各种媒体设备、软件工具于一体,包括各种学习材料和环境。这样的环境不仅能够很好地支持教师的教学活动,还能为学生的学习提供技术、资源等方面的有效支持。在这种资源环境中,教师利用各类软件、工具组织教学内容,根据学生的特点设计特定的教学活动,选择适当的教学媒体和交流方式,利用各种媒体设备开展教学;学生在教师的指导下,在教师精心设计的教学活动中主动建构知识,在大量教学资源的支持下开展自主学习、协作学习和探究学习;教学媒体既可以作为辅助教师教学的演示工具,又可以作为促进学生自主学习、探究学习的认知工具与促进学生协作学习的协作工具。除此之外,教学内容的种类更加多样化、知识更新的速度越来越快,也为教学活动的开展提供了更为新颖、全面的信息资源,使教学更加具有信息化时代的特征。

第二节　信息化教学环境下的英语学习模式

一、信息化英语学习的特点

信息化学习与传统的课堂面授学习有所不同，它不受时空的限制，是利用多媒体技术和互联网信息技术、基于资源和活动的学习，有着自主性和交互性的特点。信息化学习不再有固定时间和地点的要求，在互联网快速发展的情况下，学习者只要有一部手机就可以在任何时候、任何地点进行学习。这一点在英语学习方面尤为重要。我们知道，英语学习主要在于模仿和学有所用，因而需要大量的时间进行练习。这一点在传统的课堂教学中难以实现，因为现在的英语课堂中学生的数量较大，教师在教学中无法让每个学生都得到英语训练的机会，学生在课堂上多数时间都在理解教师及课本传授的知识，也没有时间进行英语口语训练等。但是，通过手机这一信息化工具，学生可以把教师上课的内容及课本上的知识存入手机，在课后进行练习。另外，在课后，学生也可以利用手机进行英语的复习。

信息化学习也是基于多媒体资源的学习。信息技术的发展为教师提供了丰富多样的教学资源，包括音像制品、网络教学资源、教学课件等。这在英语学习中带给学生更加直观的感受，促进了学生对英语的学习。

二、对信息化英语学习产生影响的要素

（一）学生相关的要素

信息化课程学习的特征是以学习者为中心。也就是说，学生自己的学习是成功与否的重点。尤其对于大学英语这种自主学习的课程而言，学生自己的学习行为和特点对信息化课程的有效学习有着决定性影响。学生首先要对自己的英语水平有着清醒的认识，要清楚地知道自己的薄弱之处及需要加强的地方。只有这样，在信息化学习的过程中，才能有针对性地利用信息化这一手段解决问题，训练自己的英语能力，提高自己的英语水平。从某种程度上来说，这提高了信息化课程的应用效率，提升了学生信息化学习的效果。

（二）教师相关的要素

教师是信息化课程的主要实施者，在很大程度上影响着信息化课程的应用效果。在信息化英语课程教学中，教师是提供各种英语学习资源的主导者，利用信息化这一手段教授学生如何进行英语学习。这不仅包括在课堂上采用信息化手段和方法提高教学效果、促进学生英语能力的提高，还包括上网查找合适的学习资料、教导学生如何在网上进行英语的交流、完成教师布置的各项学习任务、提交自己的作业等。教师若只给学生提供一些相关的视频或动画等信息化的内容，学生是

不能较好地完成英语学习的。教师需要根据学生的学习特点设计出合理、有趣的任务，并提供完成任务所需的学习资源（包括教材、微课和其他资源），才能引导学生逐步完成任务，同时达到英语学习的目标。

（三）信息化课程相关的要素

信息化英语课程的学习效果与信息化课程本身有着极大的关联度。在信息化课程的课堂教学中，教师从传统课堂的知识传授者变成了学习的促进者和指导者。在课堂中，学生成了学习过程的中心。在英语的学习过程中，他们需要通过参与具体的英语活动来建构英语知识。信息化课程能全面增强课堂的互动性，具体表现为学生与学生之间、教师与学生之间的互动增加。当教师由内容的传递者变为指导者时，学生成为学习的主体，教师利用信息化教学平台组织教学活动，指导学生发展他们自己的合作学习小组，让学生互相帮助、学习和借鉴。在信息化课堂里，学生进行主动的自主学习，教师进行有针对性的个别指导；教师可以高效地为学生提供丰富的学习资源，学生也可以在网络资源中获取自己所需的知识。这些都提高了信息化英语课程学习的效果。

（四）学习环境相关的要素

学习环境可以给学生提供丰富的资源去探索、发现和建构知识。信息化的学习环境，也就是数字化的学习环境。这种学习环境经过数字化信息处理，具有信息显示多媒体化、信息传输网络化、信息处理智能化和教学环境虚拟化的特征。信息化学习环境的基础是多媒体计算机和网络化环境，其中最为核心的功能是数字化的信息处理。信息化学习环境的组成要素包括基础设施、信息化学习资源、信息化学习平台与工具等。

1. 基础设施

基础设施主要包括多媒体计算机、多媒体网络教室、校园网络、因特网、语音室、电子阅览室等。这是进行信息化教学与学习的基础，是信息化进一步建设和发展的必要物质条件。

2. 信息化学习资源

信息化学习资源是指经过数字化处理可以在多媒体计算机上或网络环境下运行的、可被学习者利用的一切多媒体材料。信息化学习资源包括数字视频、数字音频、多媒体软件、网站、在线学习管理系统、数据文件、数据库等。

3. 信息化学习平台与工具

信息化学习平台与工具包括通信工具（E-mail）、聊天室（Chatroom）、留言板、QQ、微信及网络在线学习平台等。所有这些因素都属于信息化课程的学习环境因素，它们对于信息化课程的学习效果有着不容忽视的影响。

（五）信息化测试方式相关的要素

对学生英语能力进行测试的方式也直接影响着学生信息化英语学习的效果。当前的应试考试或过级考试已经无法满足学生个性化学习的要求，也忽视了对学生英语应用能力的培养。因此，利用信息化手段进行以英语能力培养为目的的测试才能提高学生英语学习的有效性。例如，教师把考试的重点放在语言的应用方面，使学生明白他们学习英语的目的；每周布置课外任务，让学生通过在线教学平台完成，教师在线进行点评，给出分数，并计入最终的考核。同时，教师还要引导学生对每周的任务进行总结，查漏补缺，促进其英语综合能力的提高。

第三节 信息化教学环境下的英语教学方法

一、高职英语教学信息化的未来发展

互联网技术的迅猛发展使其在各行业、各领域得到普遍应用，也促进了教育信息化的发展。随着国家对高等教育投入的不断增加，教育信息化发展成为教育改革的必由之路。教育信息化主要是指在整个教育领域全面深入地利用现代化信息技术来推动教育改革和发展的过程，即将计算机、多媒体、网络通信等资源应用于教育教学。教育信息化改革的目的在于实现教育的现代化发展，进一步推进教育改革，更好地实现教育目标。

信息技术是现代应用技术中的典范，依托信息技术所形成的互联网技术、多媒体技术、云计算技术、大数据技术等先进的技术手段，都已经应用到教学环境中，为教学工作提供了多种服务。高职教育是我国职业教育的中坚力量，强调职业人才能力的培养。因此，教育教学工作的开展必须从实用性和就业能力角度出发。学生在学习中同样应当以就业能力、职业素养进行自我要求和自我审视，并以此为基础开展学习和探究。

相较于传统课堂的教学模式，现代信息技术应用下的高职课堂教学与学生的职业规划和能力应用进一步接轨，从而帮助学生和教师从就业视角出发，明确能力和素质培养的基本方向。例如，先进的数据技术可以将社会当中对于人才能力的需求和具体的工作环境以十分逼真的方式进行展示，促使学生在学校学习期间就可以充分了解当前国内外的就业形势和就业环境，并以此来要求自己形成客观、理性的职业规划。英语作为信息时代和网络技术的主导语言，站在了时代前沿。利用信息技术改变传统的高职英语教育，形成全新的教学和学习方式，大力提高教育、教学效率，培养具有创新精神与实践能力、适应信息时代知识经济要求的高素质人才，是对现代高职英语教育提出的新要求、新目标。

高职英语教学信息化要求在充分的信息技术条件的基础上，教师有效利用现代信息技术和信息资源，深刻了解英语教育的本质，透彻掌握教学的重点、难点，合理设计教学，以实现英语教育目标，培养学生的创新精神与实践能力。高职英语教育信息化具有以下特征：

第一，教材多媒体化。声、光、电、图、字的综合运用使脑、眼、耳、手协调运作，使英语的音、义、形统一作用于学生。

第二，资源全球化。信息资源跨越时空界限，直接作用于学生。

第三，教学个性化。学生针对个人需求，设定个人学习菜单。

第四，学习自主化。学生随时随地想学就学，可以自由安排学习。

第五，活动协作化。局域网技术使得学生互相协作，共同完成任务。

第六，环境虚拟化。可以直观生动地再现语言使用环境。

高职英语信息化教育必将改变教与学的理论和实践，使课程结构、学习方法、教学方法、评价方式等各方面发生巨变。其具体内容包括以下四个方面：

第一，多媒体教学充分发挥了人机互动的显著优势。视听合一，形成新的图文并茂、丰富多彩、生动形象的教学内容，能有效激发学生的学习兴趣，引起学习欲望，形成学习动机，发挥主观能动性；能够根据个体能力设置培养目标，融合多方需要，合理分配听、说、读、写、译教学要求，形成个性化、针对性、一体化的电子教材；能够跟踪学生学习进程，了解其学习质量，从而有效组织、管理教学。

第二，网络教学是将来的必然趋势，能够节省大量人力、物力、财力，实现英语教育的普及。对学生而言，互联网平台是训练英语能力，特别是听说能力的最简单、最实用的方式。

第三，利用计算机进行教学评价不仅能够了解学生的学习结果，还能够了解学生的学习过程，并及时解决学习过程中出现的问题，是教与学的双向评价。同时，它还能将课堂传授知识的原有观念转变为引导学生、培养自主学习能力和实际应用能力的新观念。这就要求教师必须摒弃原来的"题海战"以及重考分轻能力的教育理念。英语教师应该教会学生"用"英语，而不是"考"英语。

第四，加强信息技术与英语课程的整合。在信息时代，信息就是力量。信息技术与课程的整合毫无疑问将会增加英语课程的魅力和吸引力，要把信息技术、信息资源、信息方法与英语教学内容、教学目的、考试评价、能力培养结合起来，使信息技术为教学服务，兼具培养学生获取信息和应用英语的能力，从而促进传统教学方式的改革。

总之，中国步入信息化时代后，以电脑、多媒体和网络技术为代表的现代信息技术开始普遍应用于各层次的教学领域，新型的信息化英语教学模式也开始应用到日益发展的高职英语教学中，给传统的英语课堂注入了新的活力。在新型的教学模式下，教师在现代教育思想和理论的指导下，借助现代信息技术来组织教学活动。不同于传统教学模式的是，信息化教学可以充分利用现代教学技术手段的支持，运用各类教学媒体和信息资源，为学生构建一个良好的学习环境，从而构建优质的课堂教学。

二、信息化教学方法的特点与未来

信息化教学是一种培养综合能力的教学方式。信息化教学的特点是：信息资源永远开放；传播媒介多向交流；传递系统是多媒体的；知识是跨越时空限制的。这些特点决定了网络环境下的英语教学过程具有以下特点：开放性与全球化；学习过程的交互性；学习内容选择的自主性和个性化；内容形式的多媒体化。这恰恰符合人本主义和素质教育的宗旨。这也说明，网络环境下的英语课堂一旦组织起来，必然带有松散性、不确定性、难控制性，在不脱离学校模式、班级模式的课堂形式下，这种教学设计的确是一种前所未有的尝试。

英语信息化教学是利用现代技术学习国家规定的课程，因而在要求学生学好英语的同时，还要培养学生的信息化素养，提高学生的网络技术水平。这样，学生在毕业时就会在信息化素养、创造性思维的发展方面得到很大的提高。

当然，任何一个新生事物的诞生和发展所经历的道路都不会是平坦的，总会遇到各种各样的困难和问题。在试验中发现，传统教育无论是在教育理念、课程设计上，还是在教学方法、教学评价上，都是一个非常成熟的教育体系。近代教育理念虽然使其变革了许多，但没有从根本上改变班级讲解授课制。

信息化教学首先遇到的问题是如何准确地评价信息化教学的成绩，

其中包括学生的文化课成绩、综合素质能力、信息化素养、道德品质，以及教师的教学能力、文化素养、师德以及敬业精神等，这直接影响到学生的升学和评教问题。

其次是教材问题。整合课要求打破各学科间的界限，而且大部分知识来自教材以外，因而教材和资源的衔接具有跳跃性，学生很难把握，学科系统容易被打乱。目前，多数学校的英语学习都是以现行教材为主，而现行的教材呈现多样化。信息化教学的特点是以单元教学为主，而不是以课为教学单位。迄今为止还没有相应的教材，这就给教师讲课带来很大的困难。

最后，信息化的英语学习不仅要有硬件，而且要有好的软件。目前，英语学习方面的软件还是太少，好的软件更少，大部分都是以题海战术为主。另外，掌握信息化教学并不像操作录音机和录像机那么简单，它需要教师掌握一些计算机操作知识和具备相应的网络知识，而这些知识并不是两三天就能学会的。这也制约了网络信息化学习的应用。

虽然有诸多问题和困难，但是计算机的发展依然在改变着人们的经济模式和文化观念，同时对英语学习也产生了巨大的影响，这是任何一种传统的英语学习方法都无法比拟的。作为一种全新的教学模式和手段，信息化教学受到学校和社会越来越多的关注，也必将给传统的学校教学带来巨大的冲击和深远的影响。

三、信息化教学模式

对高职英语信息化教学模式的探索,可以围绕以下五个方面展开。

(一)利用大数据进行的教学工作

大数据技术作为一种巨量数据的整合分析技术,在高职英语教学中能够帮助教学工作者解决以往高职教学开展过程中存在的教学理念的矛盾。教师运用大数据技术进行全新的课堂整合,能够有效实现高职英语教学中理论教学和应用教学两个教学方向的教学内容的合理搭配,进而实现在合理的范围限度内提高教学水平,最终达到培养应用型人才的教学目的。

以《E时代高职英语教程1(第二版)》Unit 1 Amazing Travel 为例,这一单元的教学内容主要通过英语向学生介绍出行旅游的方式与各种风景名胜,教师首先对课程内容进行审视,了解课程内容是以英语环境下的文化背景和社会生活为教学重点,目的在于让学生开阔眼界、形成对于英语文化下社会生活的基本认知。因此,在进行教学设计时,教师就可以将语音、词汇、语法等教学内容放在次要位置,而将文化习俗介绍放在主要位置来开展教学工作。在大数据技术的应用下,教师能够帮助学生进行课程内容中社会生活的探索。学生在教师的引领之下,通过数据网络对课程当中所涉及的出行方式及其特征进行总结和归纳,并利用数据分析方法判断出某一种出行方式的使用频次和使用范围，最终实现对于不同文化背景下社会生活方式的准确判断。

（二）慕课教学

慕课是现代信息技术与教育方式相互融合的一大产物，同时是现代教学工作开展过程中可运用的重要资源与手段。高职英语教育引入慕课资源能够有效解决以往教学与实践相互脱节的问题。

在课堂教学环节中，教师可以通过备课预先完成慕课平台相关资源的检索，并将这部分教学资源作为自身教学工作的补充。为了使教学与能力培养、实践水平提升相结合，教师可以尝试检索与英语应用场景相关的慕课课程资源，以此来丰富课堂教学内容，激发学生的探索动力。与此同时，慕课课程资源还可以帮助学生提高自主学习能力。高职院校的学生在投入工作后，必然要用到英语听、写、译等方面的能力，而听力能力则是学生在日积月累中所形成的。慕课平台中有大量的英语听力资源，这部分资源既包含传统的英式英语的发声方法和技巧，又包含美式英语的特点。学生在进行听力训练时，可以充分利用这些资源，对不同国家的英语发声方法进行总结和辨别，最终提高自己的英语听力能力。对于学生来说，听力能力在今后的职业发展当中至关重要。

（三）网络学习平台

教师应当在网上为学生创建信息化英语学习平台。该平台不仅要为学生提供高职英语相关考题，还要介绍英语国家文化（尤其是英语外圈、扩展圈的国家文化）、风土人情、热点英语新闻，让学生开阔眼界、增长知识，培养学生的英语学习兴趣。创建英语网络平台可以使师生围绕一个课题开展教育与学习，进行平等交流与自主互动。这就使以教师为核心的教学模式转变为以学生为核心。网络平台凭借丰富的课程内容与多元化的学习工具，让学生可以在任何时间、任何地点进行学习，突破了传统英语教学在时间和空间上的限制。

在开展网络平台教学时，教师必须在平台上向学生交代清楚教学的目标要求、教学内容、教学进度与考核方式。教师还要根据教学需要充分发掘、利用网络资源制作课件。教师可以根据学优生与学困生互补的原则，把学生分成不同的学习小组，在网络平台上开展生生合作学习，这样既减少了自己的工作量，又让学困生受到约束与激励。教师还要善于将网络平台的教学与课堂教学环节衔接起来，在网络平台教学时留下一些问题，待到课堂教学时检查学生的学习效果。

（四）开放式教学

开放教学是指以知识教学为载体，把关注人的发展作为首要目标，通过创造一个有利于学生生动活泼、自主的教学环境，提供给学生充分发展的空间，从而促使学生在积极主动的探索过程中，各方面素质得到全面发展。可以说开放式教学不仅是一种教学方法、教学模式，更是一种教学理念，它的核心是以学生的发展为本。相关研究表明，教师应当为学生营造第二语言语境，让学生长期听、看、接触第二语言，逐渐变短期记忆为长期记忆，使学生通过自然学习学会自如地使用第二语言。（研究表明，人通过阅读获得的视觉信息，能记住10%；耳朵听到的听觉信息，能记住20%；亲身经历过的事情，能记住80%）

信息化时代的本质特征是开放性，传统的封闭式教学与信息化时代是不可能互相兼容的。因此，教育机构应依靠信息化技术的优势与条件，打破封闭式英语教学，实行开放式英语教学。具体来说，在条件允许的情况下，教师应当鼓励学生通过网络、视频、电话与英语国家的朋友开展英语交流，让学生在实际交流中学会使用英语。

开放式英语教学有助于高职学生将课堂中所学的理论知识运用到实际生活中，使学生不但能够从真实交流的角度来运用英语技能，而且能在开放式环境中通过与人沟通获得较大进步。

总之，进入信息化时代后，信息技术与教育的结合不再单纯地局限于在线课程的开发和教师的教，而是真正实现让信息技术融入教学，将教师的教和学生的学全部纳入信息化环境中来。这一全新的信息化背景为高职英语教学带来了新的挑战与机遇。在高职英语课堂上，计算机、多媒体和网络等现代信息技术的应用使学生有了更多实践、应用、模拟和操练的机会，因而他们也就成为课堂的主体。学生通过观摩情景对话、实录短片等方式，积极进行角色扮演，模拟现场进行操作。

教师从传统教学过程中的知识传授者转变为教学设计者，从知识的灌输者、主导者转变成学生学习的组织者和引导者。而学生也从传统教学中单纯地、被动地接受知识转变成主动地、自觉地学习，充分发挥其学习主体的作用。这种教学模式的改变正是英语教学的改革重点，即实现以"学生为中心"的教学。

在新的教学模式下，学生的学习兴趣得到极大提高。信息化英语教学集声音、文字、图像、动画于一体，给学生提供了多种信息输入的渠道，把陌生、抽象的英语世界转换成一个个丰富多彩的教学情境，具体形象地展现在学生面前。教学内容和教育资源实现了有效的整合，全方位地、生动直观地调动、刺激学生的感官，使每个学生都能积极参与到课堂活动中来，有效地激发学生获取知识的兴趣，帮助他们更好地感知和理解语言的形式和内容。教学方法实现了从传统向现代的转变，学生的学习方式由原来的"被动接受、封闭读书"变为"主动参与、探究发现、合作交流"。

在新的教学模式下，师生互动的形式更加灵活，学生的学习变得更加自主化和个性化。教师和学生、学生和学生之间可以通过多媒体、网络所提供的各种服务平台实现跨越时空的信息交流与共享以及在线反馈。例如，教师可以通过网络平台进行答疑、传达任务、批改作业、检查教学效果，也可以通过网络平台共享各种学习资源。学生可以根据自己的知识基础和水平及学习兴趣来选择所要学习的内容和适合自己水平的练习，从而调动自己的内在需求。在这种模式下，学优生可以向更高的层次进取，改变"吃不饱"的现象，学困生也拥有了自由宽松的空间。同时，学生的主观能动性和个性潜能也可以得到充分的发挥。

在新的教学模式下，知识来源更加丰富，教师授课不再是单一的知识来源。教师引导学生通过网络和多媒体技术获取信息和学习资料，并进行分析、评价和运用。在解决问题的过程中，学生不仅大大提高了自主学习能力和语言的应用能力，还开阔了视野，同时形成了良好的学习习惯。教师也可以利用语音室、多媒体教室组织学生观看英美原版电影、电视剧，让学生体验原汁原味的英语语言，了解英语国家的社会文化和习俗，在真实的语言环境里提高学生的听说能力，从而进一步激发他们学习英语的热情。

在信息技术发生深刻变革的今天，高职英语教育越来越紧密地与信息技术结合在一起，传统的基于读写的英语教育已经无法满足社会发展的需要。如何围绕新的高职英语教育目标改革传统英语教学与学习评价模式，已经成为高职英语教育界需要认真思考的课题。

第五章 高职英语课堂混合式教学

第一节 手机移动学习的英语混合式教学

随着信息化时代的到来，一些移动终端设备给人们的生活学习带来了极大的便利。在高职英语教学中，通过手机开展移动教学，能够利用网络时代的便捷，让学生享受更高效率的学习，对于提高高职英语教学质量有着重要意义。基于此，笔者对基于手机移动学习的高职英语混合式教学模式进行分析，提出混合式教学模式开展策略，希望给相关人员提供一定借鉴。

在高职英语课堂的教学活动上，通过智能手机开展移动教学，学生可以将手机作为课堂上在线翻译的工具，从而能够有效提升英语课堂教学效率和教学质量，学生通过移动学习能够解决一些常见的学习问题，不断地完善知识储备。而对于教师而言，应该将这种移动学习深刻落实到英语课堂中，将移动学习和传统教学模式进行深度结合，通过混合式教学模式来提高高职英语的教学效率，实现其在高职英语教学课堂中的应用价值。

一、基于手机移动学习的高职英语混合式教学模式应用意义

在混合式教学模式的实践应用中,有着众多的现实意义,能够为高职教学开辟出信息化教学的道路,让教学效率更加高效,而这种现实意义主要体现在以下两个方面。

第一,这种混合式教学模式以互联网信息技术为基础,对于传统的课堂教学模式是一次重新建构,可以为高职学生提供更多的学习渠道,满足学生不同的学习需要,这是其应用意义的具体体现。在很多高职学校里,智能手机虽然已经成为不可或缺的通信工具,但是将智能手机用于学习的比例却非常小。而混合式教学模式的应用,可以引导学生通过移动式教学,对手机进行合理利用,通过一系列优质的互联网教学资源和学习 app,让学生在手机移动学习中形成一种契合的学习观念,在图片、视频以及音乐等众多英语学习场景中增强自身的学习动机。从而在和传统教学模式混合的基础上,实现学生的趣味学习,帮助学生建立起自主学习的习惯。

第二,混合式教学模式的应用,其应用优势还体现在能够弥补传统课堂教学的不足。由于近年来高职院校的自主招生规模不断扩大,英语课程的安排有下降的趋势。而在有限的时间内,传统的英语课堂教学并不能得到充分开展,导致学生在实际学习上受到限制。而基于移动学习的混合式教学模式应用,学生可以利用手机在一些零碎的课外

时间进行学习,并且可以通过手机与教师随时随地进行在线交流,对自己学习上的不足进行反馈。总之,混合式教学模式在高职英语教学中能够为学生提供更多的学习渠道,并且对弥补传统教学课堂中的不足有着重要的现实意义。

二、混合式教学模式的开展策略

(一)混合式教学模式教学准备阶段的开展

在混合式教学模式的开展阶段,教师要在教学准备阶段让学生了解相关课程。可以通过一些云学习app,建立起一种云课堂,教师可以将需要学习的课件资料、新词汇、新句型以及相关学习视频等进行上传,让学生通过app初步了解要学的课堂知识。在学生对相应的学习任务进行学习以后,需要将自己在课堂延伸中查找到的资料和视频,或者是自己对知识的想法和见解上传到云课堂中,让学生更加高效地学习。而且在混合式教学模式的准备阶段,教师还可以通过云课堂发布相关的学习通知。总之,这种移动式的教学准备,为高职线下英语教学课堂提供了充分的教学基础,让实际教学能够有效展开。

(二)混合式教学模式教学实施阶段的开展

在混合式教学模式的课堂教学实施阶段,首先需要教师利用相关视频进行课堂导入,对教学准备中在云课堂上所提出的问题,进行分组讨论与分析。在这一过程中，教师可以通过组织启发式提问、头脑风暴等课堂活动来拓展学生的思维，与移动学习充分融合，对课堂话题和相关的英语句型结构进行自然导出。然后教师就要对课堂上新的句型结构和英语专业对话进行展示，这个环节要充分发挥传统教学模式的作用，通过课堂上的英语句型带读、重点短语操练和个别单词详解等，对教学重点和难点进行深刻解读，让英语教学更加高效地展开。同时，还需要将传统教学模式课余时间和移动学习进行深刻结合，教师在互联网云课堂上布置相应的情境对话任务。学生在课下进行自由对话，通过朗读和配音等方法让学生练习自己的语感，并且学生还可以将对话录制上传到云课堂上，这样能为学生的口语能力提供一个展示的平台，也能收获到不同的意见。最后在传统教学课堂上，教师根据云课堂对话对学生进行现场指导，更有利于学生英语水平的提高。这种传统教学课堂和移动学习融合的混合式教学模式，能够让学生充分利用学习时间，在更多的教学资源下开展高效学习。而且在这种混合式教学模式的开展中，教师还要以混合教学为载体，加强对教学资源的整合，对学生的综合素质进行提升。比如，可以建立起微信公众号，为师生的深层次交流提供一个平台，并且也可以及时地推送信息，将一些网络学习资源整合后发布，能够实现高职学生英语的可持续学习。

（三）混合式教学模式教学评价阶段的开展

在混合式教学模式中，需要注重在教学评价阶段和移动学习进行深刻结合，教师既要在课堂上布置相应的学习任务，又要根据任务完成情况来进行评价、指导以及鼓励，这是混合式教学模式应用的具体表现。通过以手机为基础的移动学习，学生的传统课堂表现以及课堂任务都可以转化为相应的学习数据，能够为学生的英语学习提供客观指导。并且在这种教学评价阶段，教师还需要根据学生学习中的不同特点，对学生的学习及时跟踪，构建起反馈和与教学同步的混合式教学模式。例如，在混合式教学模式的评价环节，教师对传统的教学结束评价反馈过程作出改变，对教学课前和课中的反馈重视起来，通过这些反馈来实施一定的教学干预，更能够提高高职英语教学质量。教师可以通过手机建立起相应的QQ群，在课前和课中通过QQ群在线收集意见，这样教师得到的教学反馈更加直观，能更充分地了解学生的学习情况。最后，混合式教学模式的教学评价，还需要将学生平时的学习态度和学习量化行为充分纳入评价体系中，这可在一定程度上激发学生的学习积极性，培养学生的自主学习能力。

综上所述，在高职英语教学中，为了适应信息化趋势，需要加强移动学习应用与传统教学模式的结合，实行混合式教学模式。这样不仅能够为学生提供更多的信息渠道，而且对弥补传统教学课堂中的不足有重要的应用价值。具体应用上，需要利用移动学习做好相关的教学准备，在教学实施阶段将移动学习与传统教学课堂充分结合起来，最后做好相关的教学评价，才可以推动混合式教学模式的开展，提高高职英语教学质量。

第二节 基于 O2O 模式的高职英语混合式教学模式

O2O 的教学模式是指线上和线下教学相结合的教学模式。随着教学信息技术的发展，基于 O2O 模式的高职英语混合式教学模式的应用越来越广泛，这种新型的教学模式可以兼顾学生的个体差异，提高英语学习的效果。本节阐述了基于 O2O 模式的高职英语混合式教学模式的内在含义，并且提出了实施混合式教学模式的措施。

混合式教学把传统教学模式和网络教学模式完美结合起来，取长补短，不仅提高了学生学习的自主性，还可以针对每个学生的个性需要开展教学工作，提高了高职英语的教学成效。以下笔者基于 O2O 模式的高职英语混合式教学模式的内在含义做一个探索与研究。

一、基于O2O模式的高职英语混合式教学模式的内涵

高职英语混合式教学模式不仅是传统教学模式和网络教学模式的混合，还是多方面因素的有效结合，包括学习的环境、模式、资源、主体等的结合。所以高职学生可以在线下课堂学习，也可以在线上网络平台学习；可以跟随教师的讲述学习，也可以自主探索地学习；可以通过教材学习，也可以通过在线的视频资料学习，方式自由而灵活。基于O2O模式的高职英语混合式教学模式可以充分发挥教师和学生的主观能动性，教与学具有同等重要的作用，形成一种良性的互动，促进教学形式的多元化，彰显了教学效果。

二、开展基于O2O模式的高职英语混合式教学模式的措施

把在O2O模式基础上发展出的高职英语混合式教学模式运用到教学中，使教师和学生的角色有所转变，教师成了教学的引导者，学生成了学习的主体。混合式教学不受时间和空间的限制，师生可以全方位地互动，使高职英语教学得到充分的发展。笔者认为，可以从以下几点入手实施高职英语混合式教学模式。

（一）打造全新高职英语混合式教学模式

传统意义上的教学模式，都是教师作为教学的主导，担负着整个教

学过程的计划和实行的任务，学生处于被动的状态，只能服从教师对课程的安排，没有权利在计划和实行上发表自己的见解，纯粹是一个参与者。随着高职英语混合式教学模式的实施，教师和学生的角色也随之发生变化，主客体也可以互相转换。采用高职英语混合式教学模式可以促使学生和教师共同参与教学过程，更好地激发学生的参与度，发挥他们的特长和兴趣。

（二）更新教学理念，转换教师自身角色

混合式教学模式因加入了网络教学的因素，对教师的要求反而更高了，要求教师做好线上线下两个方面的教学工作计划以及准备与实行的工作。一是高职英语课堂教学不能放松，教师对于面授的课程也要安排好。基于O2O模式高职英语混合式教学模式是与网络的信息技术相结合的，但是传统的课堂教学仍然是网络学习的基础。高职英语教师必须合理利用上课的时间，安排好上课讲授的内容，与学生共同完成教学活动，解决在上课过程中学生提出的问题，做到知识的理解和灵活应用，协助学生掌握在课堂上学习到的知识。二是高职英语教师要在上好课堂教学的基础上，根据课程和内容做好网络教学的资源设计，然后在网络学习平台上向学生发送学习资料，布置预习和复习的学习任务，巩固所学的英语知识，使网络学习和课堂学习相互补充、相互促进。高职英语教师要针对每个学生的实际情况，发送符合他们

英语能力水平的网络教学资料，使各个程度的学生全面地提高自己的英语能力以及综合能力。

基于O2O模式高职英语混合式教学模式的应用，虽然表面上看起来教师上课面授的时间变少了，但实际上教师的工作量加大了。混合式教学模式下的高职英语教学要求更高，教师的角色也更加复杂，在传统教学模式下，教师只是充当知识教授者的角色，但是在混合式教学的模式之下却要充当引导者、监督者和教学的实施者等多重角色。所以，高职英语教师要担负起更多的责任，才能促进高职英语混合式教学模式的实施。

（三）建设优质的高职英语课程网络学习资源库

基于O2O模式高职英语混合式教学模式是建立在网络的基础之上，所以学校应建设优良的网络资源学习资源库。网络学习资源库的资源质量好坏，直接对学生的网络学习有影响，关系到学生的学习主动性与学习的效果。所以做好高职英语混合式教学的前提条件是，要建立优良的网络学习资源库。正确地选择网络学习资源要符合以下几点的要求：一是网络学习资源要与课堂学习的基本内容相符合；二是网络学习资源要与学生的英语水平相匹配；三是网络学习资源要生动有趣，要能吸引学生主动学习英语知识。

为了使高职英语网络学习资源库发挥更大的使用效率，教师在网络资源库的建设过程中要按科学的方式整理和分类，为学生学习提供便利，把高职英语混合式教学的课堂学习与网络学习更好地结合起来。

（四）做好课内外的师生互动

基于O2O模式高职英语混合式教学模式打破了时间和空间的限制，也没有明确的上课时间和下课时间，教师可以即时上线，询问学生的学习情况，学生也可以即时地向教师提出问题，教师要适时解答。在高职英语混合式教学模式下的良性的师生互动，既有课堂内的互动，也有课堂外的互动；既有线下的互动，也有线上的互动；还有学生与学生之间的互动。

（五）建立基于O2O模式的高职英语混合式教学模式的考核评价体系

传统意义上的高职英语教学考查学生学习效果的方法，一般是采取学期期末考试的方法，这样不能客观全面地反映学生的整个学期的学习效果，使学生只注重考试结果，不注重学习的过程。基于O2O模式的高职英语混合式教学模式要调整考核的方法，考核学生学习的全过程，科学地考查期末成绩和学习过程，形成一个全新的考核体系，对学生课堂内的学习和课堂外的学习、线上学习和线下学习进行一个实时的评价，提升学生学习英语的动力。

综上所述，当前传统的课堂教授的教学模式已经适应不了学生个性化学习的需要，高职英语混合式教学已成为教学的发展方向。高职英语教师也要转变教学理念，顺应时代的需求，调整好自己在教学中的角色变化，发挥教师的主导作用，做好网络资源库、师生互动、考核评价等一系列相应的工作，使高职英语教学工作再上新台阶。

第三节　高职英语国际音标翻转课堂混合式教学

音标教学是高职英语教学的突破口，国际音标和字母组合的掌握有助于学生提高后续的听说读写能力。探索"互联网技术+"有利条件下，国际音标翻转课堂混合式教学实践，提高了高职学生的单词拼读能力，符合高职学生的学习需求，推动了高职英语语音教学的改革和发展。

音标是记录音素的符号，是学习英语过程中必须掌握的最基础的一环，也是英语听说交流的前提条件。高职学生英语水平相对较低，单词记了容易忘，因而对英语学习产生畏难情绪。经常的挫败感导致他们失去对英语学习的兴趣和积极性。如果不加强高职学生的语音学习，后续学习难以进行。音标和字母组合的熟练拼读能力可以提高学生的发音准确性，能使学生见词能拼、听音能写，提高记忆单词的效率，扩大词汇量，有效增强学生学习成就感，增强学生说英语的自信心。一旦掌握了国际音标和字母组合的拼读工具，就如同掌握了学习英语大门的钥匙，为学生自主学习、终身英语学习打下基础。因此，国际音标发音拼读规律的教学，是高职英语教师必须重视的首要教学任务。

一、基于翻转课堂的混合式学习模式特点

随着信息技术和英语教学改革的深度融合,"线上"微课、"线下"翻转课堂开始与学校的传统英语课堂进行有益的补充和融合,逐渐形成了具有中国特色的"线上+线下"混合式学习模式。混合式学习模式是翻转课堂在中国本土化的一种新型学习模式。它将学习媒体、学习要素、学习内容等有效混合,通过线上学习、课堂学习、自主学习,形成良性学习循环,达到最优化的学习效果。音标的学习内容细碎庞杂,学习之后不通过训练巩固则很难应用。高职学生在有限课时内难以做到每节课都有大量的时间进行听读训练。良好的学习习惯也不可能完全通过课堂来养成。因此,课外的自学与巩固必须通过信息化手段才能更好地实现。

二、基于微信的混合学习方式融合机制设计

总体来看,国内关于翻转课堂的研究文献中,介绍多于研究,理论分析多于实践应用,且多集中在中小学课堂教学的探讨方面,高职院校的语音教学设计实践和研究仍需更多的实践探索。

2019学年开学初期,笔者通过问卷调查得知执教5个班中近90%的学生没有系统学过国际音标和字母组合,并迫切希望短时间内突破语音难关的现状。笔者设计了在学期初开展4周16学时语音教学实践,

探索了"线上+线下"的融合混合式学习机制。该机制采用人们熟悉、易操作的微信平台开展"线上"的复习和操练。该设计思想为：将烦琐的学习内容合理优化成8次学习任务。每次课为两节连堂课，每次一节课为教师带领学生学习优化过的教学内容，课堂上强调学习策略，即示范发音方法、分类记忆方法。这样，由教师带领的学习节省学生自学时走弯路的时间，并且便于学生面对面模仿教师的正确发音和记忆方法。另一节课检查和反思学生课下复习巩固课上学习的内容。该节课为以学生为主的展示课。在这节展示课前，学生必须课下通过微信、手机app等信息化手段巩固操练上节课的学习内容。课堂上以丰富多彩的展示活动、挑战游戏为主，教师通过学生的展示发现、反思学生学习中存在的问题，并帮助学生纠正问题。该堂课进一步强化了学生举一反三的能力，并在下一节的连堂课上螺旋上升学习新的教学内容。要使该模式顺利运行，第一次课的第一节设定为定向课，第一节主要介绍语音学习课（线上、线下）结合的方法，建立班级微信学习打卡交流群，并与学生共同建立学习小组积分制度，选举或推荐学习小组长。指导学生下载音标、各种英语学习小程序和app等网络学习资源。

三、翻转课堂混合式学习模式下的英语语音教学改革实践

笔者本次的教学内容编排、设计和教学方法均不同于传统课堂教学，目的是希望学生学得快、不易遗忘，因此对语音知识模块进行了

归纳和整合。该教学内容的序化和整合,解决三大学习任务:①掌握48个国际音标的分类和发音特点。②常用的元音、辅音字母组合发音规律。③回音后的清音浊化、多音节单词拼读,以及句子基本语调。为达到翻转课堂循环,课堂中两节课分两部分进行。

第一节课,对上次课的学习内容操练检查。在此,笔者以"第一课20个元音"这部分内容的教学为例,展示翻转课堂混合式学习模式应用流程。

(1)教师引导下的课堂教学。第一次课的第二节课设计为教师引导下的课堂教学。该堂课的主要教学目标是:掌握20个元音音标的形和音。基于汉语拼音和国际音标的正迁移现象,讲述5对和汉语拼音5个主要韵母相似的长短元音的发音特点,并用形象的"大手掌"导图帮助学生系统记忆所有20个元音音标。

通过教师对20个元音的科学归纳和记忆策略引导,学生很快达到了教学目标。下一步需要学生举一反三操练才能巩固。

(2)教师引导下学生在微信上的线上操练。对中国学生来说,英语音标不同于汉语拼音,是比较容易忘记的,需要经常巩固,课堂后的合理教学设计是翻转课堂成功的关键。根据第一堂课的教学新内容,在班级微信群发布课后练习任务单。要求学生:微信中使用音标点读小程序点读元音,并且使用音标相关网络微课加深课堂所学印象,可选用免费网络资源"Jerry的英语课堂"、有趣的英语音标测试软件"音标随身学"，学生能够在软件上测评自己的音标及口语发音是否标准。为方便学生层层管理，各个组长需要自建语音打卡群，组长监督记录组员打卡记录。

（3）以学生为主体的翻转课堂展示。下一次课的第一节课是以学生为主体的翻转课堂。课堂展示集体活动有三个：①由教师带领大家用"五指手掌"导图定位的记忆方法分组PK，用最短时间默写出20个元音。②优胜组，获得主持抢答点读音标的机会（20个音标用PPT制作成快速闪卡），举手抢答方式，小组积分。③小组长上黑板前和全班同学同时随机听写，交换批改，此活动为个人积分。

课堂结束前，教师总结易错音的读音对照区别与掌握技巧，用韵律诗动画强化这些易错难点。

第二次课的第二节课开始28个辅音的课堂学习。8次课按照课堂精讲、线上巩固操练、下堂课第一次翻转检测总结的模式螺旋上升高效运作。最后一次课为口试环节，口试的内容为四部分：一是48个音标测试（题型：音素辨认，单音节拼读，多音节拼读，相似音辨读）；二是单词的认读，考查字母组合和开/闭音节的举一反三能力；三是句子朗读，考查学生语言流畅性，正确升降语调的运用；四是英文歌曲，篇章朗读（附加分）。考虑高职英语班级设置均为大班教学，口试采用录音上传方式线上进行。录音上传，教师指定的是雷课堂或云课堂线上平台。

四、基于翻转课堂的混合式学习模式下的英语语音教学改革成果

对于高职院校的学生来说,基于翻转课堂的混合式学习模式下的英语语音教学改革成果意义重大。

增强学生的学习兴趣。俗话说,良好的开端是成功的一半。音标的学习是英语学习的起点。正确的语音会增强学生学习的兴趣和自信心。对英语兴趣的点燃无疑会使后期的英语听说读写的学习产生良性循环。

体会到高效的学习方法。混合式学习翻转模式是一种高效的学习方式,是传统课堂的延伸与巩固。学生从该模式的学习中能体会到这是一种高效的学习方法,可以复制到后期的其他课程的学习中。

增强学生的合作竞争意识。翻转课堂形式使学生间加强了合作竞争意识,在展示学习成果的同时,培养了公众表达能力、沟通协调能力,提高了综合素质,为今后走入职场打下良好的基础。

互联网技术引领着高职英语的教学改革,"互联网+"使传统课堂教学有了更多的融合契机。用好网络英语教学资源,用活翻转课堂的教学技巧,对教师和学生都是一种挑战。在未来的实践中,教师还需不断探索总结,让互联网技术更好地服务于英语教学。

第四节　高职英语翻转课堂混合式教学模式

随着课程改革的不断推进和深化,高职英语的教学模式也发生了极大的改变,翻转课堂教学理念开始进入人们的视野并逐渐成为高职教学的重要教学理念,受到广大师生的青睐。高职英语翻转课堂混合式教学模式对于高职学生学习兴趣的激发、学习能力的培养和语言实践能力的提升具有积极的促进作用。本节分析了高职英语翻转课堂混合式教学模式对高职教学的意义,并在此基础上设计了高职英语翻转课堂混合式教学模式,希望能为高职英语教学活动提供参考和借鉴。

一、混合式教学

混合式教学起源于 20 世纪 90 年代的美国。国内最早是北京师范大学的何克抗教授在 2003 年正式提出混合式教学的概念。他认为:混合式教学就是要把传统教学方式的优势和网络化教学的优势结合起来,既发挥教师引导、启发、监控教学过程的主导作用,又充分体现学生作为学习过程主体的主动性、积极性与创造性,从而达到最佳的学习效果。后来,一些教育专家如上海师范大学的黎加厚、华南师范大学的李克东等教授也对混合式教学做了深入研究,并提出了各自的看法。近年来,随着信息化教学的迅速普及,混合式教学得到了进一步的发展,一些新的教学方法如慕课、微课、翻转课堂等逐步被引入课堂，改变了传统的以教师为中心的"一言堂"授课形式，使教学由单方面的知识传授转变为双方互动式的学习，教师的教学策略、教学方式和角色都发生了改变。当前，混合式教学主要以网络教学平台为核心，以各种网络教学资源和信息沟通技术为辅助，将线上教学和线下教学相结合，灵活地开展教学活动。这种教学模式可以让学生的自主学习能力得到极大的提升，使学生的认知方式发生改变，因此是学习理念的一次提升。

二、翻转课堂混合式教学模式运用于高职英语教学的意义

（一）顺应了信息化发展的时代潮流

随着网络和多媒体技术的飞速发展和日益普及，人类社会进入以互联网为中心的信息时代，信息化成为当今时代发展的大趋势，其浪潮推进到社会发展的各个领域，也给高职教育的体制和教学模式带来了巨大的冲击。信息化对教育的影响推动着教育不断创新发展。时代在进步，教育教学手段也应该与时俱进。因此，把翻转课堂混合式教学模式运用于高职英语教学是顺应了信息化发展时代潮流的，不仅促进了信息技术与课堂教学的深度融合，还深化了信息化教学改革。

（二）促进了教学理念的转变

翻转课堂混合式教学模式为教育教学改革提供了新的思路。翻转课堂混合式教学模式实现了理实结合、学以致用的教学目标，把传统教学方法与现代网络课堂有机结合，改变了多年来的教学模式，引发了一场学习和教育的革命，引领着新一轮的高职课堂教学改革，为传统的高职英语教学带来新的教学方法，促进了教学理念的转变。

翻转课堂突出以学生为中心的个性化学习，实现了课堂资源最大化配置，将知识内化环节从课外移至课内，有效改善传统课堂中由于学生课后无法及时巩固内化新知识而影响学习效果的这一弊端，从而真正做到深度学习，激发了学生自主学习的兴趣，达到了学习效果的最优化。通过微课等手段进行的翻转课堂教学，颠覆了传统的课堂授课形式，构建了以师生讨论答疑为主的互动式课堂教学，使课堂变成师生之间、学生之间互动的场所，体现了"以学生为中心"的指导思想，真正实现了理实结合、学以致用的教学目标，提升了课堂教学的效果。

（三）激发了学生学习的兴趣

北京师范大学何克抗教授认为翻转课堂能体现混合式学习的优势，有助于构建新型师生关系，能促进教学资源的有效利用与研发等。高职英语翻转课堂混合式教学模式改革，是在移动互联网技术背景下对传统教育理念与人才培养模式的一次创新，对教师和学生都是一次不小的提升。首先，高职英语应用翻转课堂模式改变以往学生被动学习的局面，以学生自主质疑、自主学习、自主探究、自主合作等学习方式积极主动地学习。这种教学模式大大减少了教学时间，预留出更多时间让教师帮助学生解决学习过程中的困难，激发了学生的学习能动性，增强了学生的学习兴趣。其次，应用翻转课堂教学可以引导学生自己主动"发现知识"，发现问题、思考问题，这样可以让学生在英语学习过程中了解、得到他们自己想要的知识，而不是被教师逼迫着学习知识，学生的学习效率和自主学习能力也会大大提高。信息化技术的广泛应用，使得学生的课外学习形式日渐丰富。手机英语 app 和校园移动网络英语教学平台等为学生创造了便捷的学习环境，实现了学生移动化自主学习，达到提高学生学习效率的目的。在这种教学模式下，学生从"要我学"变成了"我要学"，激发了学生的学习兴趣和积极性，有利于学生的全面发展。

三、高职英语翻转课堂混合式教学模式的研究设计

（一）教学环节设计

（1）课前预习：课前教师根据教材和学生的实际情况确定教学目标，然后按照授课内容精心制作微课小视频。一般选取单元里面具有代表性的教学内容进行微课制作，视频录制的时间为 5~8 分钟。除了时间上要精心设计，视频内容也要突出教学重点，要考虑学生的实

际水平和理解接受能力。微课小视频录制好后,教师通过微信等网络平台发给学生,要求学生进行课前预习,按照教师的要求观看微课小视频,自主学习微课内容,查阅相关资料,完成预习任务,直到解决问题。学生可以以小组的形式分工合作有序完成教学任务,或者可以根据自身的英语水平反复观看、揣摩、思考和讨论微课小视频;还可以随时与教师通过网络软件进行交流,获得辅导。教师可以建立"互动讨论区",允许学生相互讨论。

(2)课中学习:在翻转课堂混合式教学模式实体课堂教学中,教师根据学生观看微课的反馈,总结并提出一些普遍性的问题,找出学生学习中的薄弱点,让学生组成学习团队,通过组织课堂小组讨论、展开辩论和演讲比赛等多种学习方式来完成教学。翻转课堂混合式教学模式主要以学生为中心,学生自主展示项目进展与成果,向教师反馈问题并寻求教师的指导。各组同学之间也可以互相展示、评价,进行自评、互评、师评等立体交叉式评价,共同分享项目成果,真正实现自主性、个性化学习,让学生由知识的被动接受者转变为主动探究者,激发学生的学习积极性和能动性。在此过程中,教师主要通过组织课堂教学活动引导学生主动学习,达到检验学生学习成果的目的,其角色也由知识的灌输者转变为引导者。

(3)课后拓展:翻转课堂混合式教学模式不仅强调课前预习和课中的合作学习,还强调课后的巩固拓展。教师利用微信等网络平台,根据学生的课前和课堂的表现，针对教学重点和难点等学生的薄弱环节精心设计课后作业并发布给学生，让学生网上提交作业（可以是音频或者视频等形式），并随时与学生沟通，在线解答学生的提问，考查其学习效果。此外，还可以提供相关课程知识视频链接，让学有余力的学生进行更多的课外延伸学习，满足不同学生的不同需求。

（二）教学评价过程设计

根据翻转课堂混合式英语教学模式的特点，传统教学的评价方式已经不太合适进行教学评价。因此，为了真正体现"以学生为中心"这一教学理念，应采用多元化的形成性评价方式。这种形成性评价主要包括对学生课前预习中的各种状况如提问、讨论、测验等，以及学生在课堂教学中的表现，还有在小组互动中的参与度及协作程度，课后拓展练习的完成情况等几方面进行评价。形成性评价方式可以比较科学、全面、客观地反映教学环节中学生的学习状态和学习表现，还能充分调动学生学习的主动性和积极性，让所有学生在评价过程中共同进步、整体提升。

信息化时代的到来极大地促进了高职英语教学改革，既带来了机遇，也带来了挑战。高职英语教师应该积极面对挑战，充分利用数字化的教学资源，大胆变革传统的高职英语教学模式，努力探索以"学生为中心"的高职英语翻转课堂混合式教学模式，彻底改变教学理念，让高职英语教学焕发出新的活力。尽管翻转课堂混合式教学模式在当前还面临着许多不如意的地方，如教师的教育观念转变、学生的学习主动性有待提高等，但实践得出，翻转课堂混合式教学模式符合当前教育信息化改革的发展要求，符合学生个性化学习、教学方式多元化的发展需求。它是一种创新的教学理念，为我国当前的高职英语教育提供了切实可行的借鉴模式，有利于促进高职教育改革的发展，很有可能成为未来高职英语教学的主要模式。

第六章 高职英语教学评价

第一节 教学评价的发展与影响

一、教学评价发展历程

教育评价可以划分为四个理论阶段:

第一代称为"测量时期",其标志是"测量"理论的形成以及测验技术的大量实际运用,评价被简单地等同于"测量",追求的是教育客观化。

第二代称为"描述时期",其特征是对测验结果进行"描述",并力求教育标准化。

第三代称为"判断时期","判断"是其主要标志。评价者不仅要运用测量手段去收集各种信息,还要根据一定的价值取向评判教育,追求教育多元化。

第四代强调评价是一种"心理建构"过程,提倡价值多元、全面参与和共同建构,力图实现教育民主化。

教育评价进入快速发展时期后受人本主义教育思潮的影响，教育评价观不断完善和发展。主要观点有以下几个方面：其一是从关注评价对象的外部行为变化到关注人的心理建构过程，重视对学生认知过程和情感过程的评价。其二是从关注教育行为的改进和改善到关注人的和谐发展，把促进人的全面发展和个性发展作为评价的重要功能。其三是从强调评价主体的价值判断到强调被评价者对结果的认同，认为只有取得被评价者对评价结果的认同，才能发挥评价的最大效能，因而主张评价者与被评价者应相互尊重、相互理解，并加强沟通和合作，把评价对象的自我反思作为评价的重要方式。其四是强调评价的多元化。在评价活动中积极实施评价内容的多元化、评价主体的多元化、评价方式的多元化、评价过程的多元化和评价结果的多元化。

二、传统评价对高职英语专业教育的影响

我国传统的评价从形式到内容上有其自身的特点，但是受时代和当时教育思想的束缚也有相当的局限性。我国高职英语专业的教育发展十年来基本上沿袭了我国传统的教学评价理念与实践形式，而传统的评价和英语测试形式对于高职英语专业教育这种新型的教育形式在一定程度上形成了羁绊，主要表现在以下几个方面：

（一）传统评价价值取向存在偏差

我国教学评价活动的价值取向在一定程度上受实用主义的价值观影

响，使教学评价的价值取向走偏。忽视教育在培养个性、使人的潜能得到尽可能发展方面的价值；总是要求即时的、显性的功效，忽视或者轻视教育的长期效益。受其影响，教学评价也反映出过分强调工具价值，对其教育的甄别、选拔功能格外关注。把教学评价等同于为学校教学管理服务，成为教师管理学生的主要手段。这种手段的具体体现就是"以考代评"。这种价值功能的偏颇，严重影响了教学评价积极作用的发挥，影响了对学生发展的全面评价。

（二）传统评价注重知识记忆与重现

重视知识教学和知识评价是我国教学的优良传统。但是，知识的获得如果单纯靠感觉、理解和记忆，那么教学内容只会像字典的词条一样，孤立地存放在大脑中，不能内化为个人知识的一部分。反观传统的课程考试，其试题大都重视知识的记忆与重现，一般停留在认知的水平上，很少涉及知识的形成过程、应用过程中的技术、方法以及心理感受，实践与应用涉及得也较少，导致不能全面测量学生所取得的综合素质。这种评价方式测到的只是知识的记忆与复现能力，如果一味地采用这种方式，就会导致学生对知识学习的层次永远停留在浅层水平，个人知识结构的形成和发展将会受到很大影响。

从知识的性质中可以看出，纸笔测验或标准化考试只能测量出学生"知道"了什么，而无法测量出学生"能做"什么。为此，美国教育学家加德纳提出，如果一定要去评价学生的学习，那么应当侧重于学生解决问题或在解决问题过程中所表现出来的创造力。加德纳本人就把智力看作个体解决实际问题的能力和生产或创造出具有社会价值的有效产品的能力。因此，问题解决要求学生执行或制作一些需要高层次思维或问题解决技能的事或物。这样，评价的重点就由知识性的内容转变到解决问题的过程或结果上，这一评价取向可以让教师了解学生对问题的理解程度、投入程度、解决问题的技能、自我表达的能力，能较完整地反映学生的学习结果等。这些才是真实评价的核心思想。

（三）传统评价主体、标准、方法和过程单一

传统评价主体单一，忽视了被评价者的主体作用，基本没有形成学生、教师、管理者、家长等多主体共同积极参与、交互作用的评价模式，忽视了评价主体多元、多向的价值，尤其忽视了自我评价的价值。教师是评价的执行者，学生是评价的被动接受者，在评价中，把考试作为唯一的评价手段，过分注重分数，注重等级，注重量化。在考试这一唯一的评价过程中，强调相对评价，注重学生之间的比较，淡化绝对评价和个体内差异性评价，使学生心理产生巨大的压力，影响着学生的成长。对学生发展过程评价的方式不够重视，没有根据评价的目的、性质和对象的不同选择相应的评价方法，评价方法的多元化格局形成。

评价标准单一，过于强调共性和一般趋势，忽略了学生的个性发展

和个体间的差异性。过于注重学业成绩，忽视学生的全面素质和个别差异。现行的教育评价把其价值定位在甄别功能上，与之相应的教育评价内容主要是智育，注重知识和技能，其标准是单一的。这种单一标准忽视了学生的学习能力、研究能力、学习态度与习惯、自我评价能力和社会能力的培养。

评价只关注结果，不关注过程。主要评价学生的学习结果，而基本上不关注学生的学习过程。应试型教育是只重结果，带来的后果是学生只关注做题和期末测试，不注意专业知识的构建与应用，不注意专业业务技能和能力的培养，不注意职业意识的养成。学习质量和学习效果以及综合职业素质的获得取决于学习过程。

因此，高职院校一定要遵照教学和学习的规律，积极开展形成性评价，关注学生的学习过程，强化过程评价和动态评价，以实现高职英语专业教育的培养目标。

（四）传统高职英语语言考试存在弊端

多年来，传统应试考试取得了巨大的成绩，但同时也要看到其中存在的诸多问题。有专家在分析我国高校英语考试模式时说："抛开课本讲习题集，放弃教学搞应试，不看能力看通过率，不以教育为名利的高校英语考试模式已经成为我国英语教学改革的严重阻碍。"

目前，我国高职院校英语教学存在的主要问题是把教学安排和考试评价过多地倾注在认知领域中那些容易用纸笔测验的简单知识技能，过多地考虑测验的信度，而把考试设计导向于零碎的知识、标准的答案、宽泛的覆盖面和夸大其词的区分度等方面。而对于认知领域中高级心智技能，如研究技能、交际技能、听说技能、写作技能、辩论技能、表演技能、信息技能、交流技能等方面的能力没有给予足够的重视。一般的英语测试无法直接反映学生的能力，尤其是说和写的能力，而且院校目前所采用的常规英语测试的语言取样与生活中真实的语言相去甚远，不能体现出英语语言的真实性和实用性。

作为外语教育工作者，有责任、有义务对我国高职院校的英语教学进行深刻反思。要开阔视野和思维，激励高职院校教师去探索适合中国高职院校英语教学改革的多元化评价思路与实践模式。顺应时代潮流，借鉴国际上先进的经验，实施多元化教学评价，是我国高职院校英语课程评价的发展方向，也是高职院校英语教师和管理人员努力的方向。

第二节 高职英语教学多元评价

在开展英语教学的过程中结合课程的考核和评价，既能提升教学水平，也能为培养创新型人才提供更多的途径。利用多渠道、多层次的评价方式对学生的表现进行考核，一方面能够激发学生的学习兴趣，另一方面也能促使学生配合教师完成相应的教学活动。高职院校作为专业性人才培养的摇篮,在发展过程中需要不断地发展、与时俱进,培养出更加适合社会发展需求的人才。所以高职院校为了能够实现这个目标,必须结合现代化的技术手段,融入信息化的技术来改变传统的考核内容和方式。

信息技术作为目前社会工作开展中无法或缺的技术,为提升工作效率、优化工作形态提供了很大的便利。教育自身所蕴含的信息更加庞大,涉及的信息更加丰富。而如此庞大的信息数据,如果不借助信息化的技术手段,就无法获得良好的效果。

信息化教学主要是指以信息化作为教学基础,利用网络、计算机以及多媒体教学设备,帮助教师优化教学设计并获得良好的教学评价的教学模式。借助多媒体等媒介将教学内容展示出来,能够激发学生的学习兴趣,帮助学生发现问题、解决问题,提升学生的主观能动性。

一、传统高职教学评价的劣势

(一)重积累,轻应用

目前,高职院校的教学中使用的评价注重对知识的记忆和积累,忽视了对知识的具体应用。英语与其他学科不同,除了基本的记忆和知识积累之外,还必须通过交流和对话将所学知识真正应用起来。但是受制于我国教学传统制度,我国的英语考试和教学都是围绕着知识的记忆,很少涉及语言技能的应用等。如果一直采用这种方式教学,必然导致学生的技能水平无法提升，同时学生的知识结构也会相对受限。所以打破原有的知识评价体系，培养学生的创造力及应用能力是非常有必要的。

（二）评价体系单一，与应试考试挂钩

目前，高职院校的评价体系形式单一、运用死板，与应试考试挂钩。教师评价学生也是以学生的考试成绩作为参考，导致教师过分注重学生的成绩。这种方式无法给不同的学生提出更具针对性的建议，从而降低了学生学习英语的积极性。

二、结合信息技术来构建高校英语评价体系的重要性

（一）教学方式的改变

结合信息化技术开展高校英语评价体系，能够从根本上改变传统的教与学的方式和效率。教师在备课的过程中可以将多媒体工具作为媒介，寻求更多的信息和内容。而且在这个过程中，教师是信息的汇总者和发掘者，学生变成了教学和评价的主体，师生间的沟通交流也变得更加频繁，学生能够更容易接受教学内容，并主动进行学习。从英语学习的角度出发，在高职英语课堂引入多媒体教学，能够让知识点的相关内容变得更加丰富。

（二）教学与评价的一体化

信息化媒介的介入能够帮助教师更加清晰地设置教学目标，而且借助多媒体设备能够让教学变得更有操作性。同时，利用这种方式也可以将教学评价与教学内容相融合。学生可以在参与过程中对整个教学设置内容进行评价和反馈，帮助教师及时进行调整。教学评价在不断的实践应用过程中向更加规范的方向发展，逐步形成一个全新的制度，能够帮助教师从课前、课中、课后分别进行评价，并形成一套全面的、综合的评价体系，促使教学与评价充分融合。

三、信息化技术的具体应用

（一）口语教学

借助网络和多媒体的平台开展口语教学，能够帮助教师获取更多、更丰富的网络资源。尤其是在进行语音纠正的教学过程中，通过动态化的视频内容能够让学生更加清楚英语中一些字母的读音应当如何调动口腔、肌肉等，从而逐步纠正发音。教师可以利用信息化技术来记录和分析整个学习过程，通过设备仪器来记录学生的口语练习情况和发音水平，并进行比对分析。

学生可以利用网络平台练习口语，系统会针对学生的发音智能化地进行纠正和提示，并提供正确的发音示范，让学生能够随时随地进行练习。这既能提高学生的学习积极性，也能减轻教师的负担。

应用信息化技术既可以帮助学生进一步了解英语发音的各项要点，也能给教师提供一个参考标准，使学生获得更加准确的评价与指导。

（二）写作应用

学生可以利用邮件、QQ、微信等方式随时随地用英语进行交流，这样既能提升学生的英语表达能力，又能提升他们的写作能力，还能帮助教师发现学生在日常应用中的语法错误，并提供必要的指导。相比于传统的教学方式，多媒体教学更容易吸引学生的注意力。

信息化技术的广泛应用，使人们获取信息和传播信息的速度变得更快。使用传统的教学方式，学生只能以纸质形式来完成教师布置的作业，且大量的批改任务让教师无法细致、全面地对学生的语法、用词等错误进行精准的指正。而借助信息化技术，教师可以在进行评价的过程中对学生的写作情况进行实时分析，快速发现问题并提供指导，极大地提升了查验的效率。

（三）阅读应用

信息化技术的融入给现代化的教学带来了大量的信息，学生可以借助这些资源阅读更多的内容，如音频、视频、图片、新闻等，并作出多样化的选择。学生可以依据自己的兴趣，灵活多样地选择自己喜欢的方式展开阅读，而且这种信息化的途径也不会受地理位置、空间、时间的干扰。通过分析阅读平台的数据，教师能够及时了解学生的阅读水平和进度，进而依照学生的实际情况制定合理的教学进度和计划，提升教学质量。

信息化时代的到来给高职院校教师的教学提供了更多的便利，教师也应当与时俱进，及时调整教学方式，以此来满足新时代的发展需求，从而培养更多符合新时代发展需求的技术型人才。

第三节　高职英语信息化教学与积分式评价

在职业教育改革如火如荼、信息化教学逐渐普及的今天，高职院校英语教学仍普遍存在教学评价模式与职业教育改革需求、学生全面发展需求、学生职业能力提升需求不一致的现象。很多高职院校的英语课程仍然采用传统的终结性评价模式，简单地"一考定成绩"，忽视了教学评价的导向功能和激励功能，这种教学评价模式的滞后使国家职业教育改革的相关政策难以落实到课程教学实践中，不利于学生的全面发展。

在此背景下，顺应国家职业教育改革的发展要求，高职院校各课程教学模式需进行相应的改革，以满足职业教育提高学生的职业能力、服务经济发展的需求。高职院校英语教学应果断摒弃传统教学模式，主动与现代信息化教学手段融合，充分利用信息化教学平台和教学手段，并有效结合相应的多元化过程性评价模式，使学生能根据自己的实际情况、专业需求、能力需要等确定学习的策略和内容，最大限度地满足学生个性化发展需求和市场需求。

一、信息化教学及其应用趋势

信息化教学是现代信息技术和教学相结合的产物，即以现代信息技术为支持、优化教学过程、实现教学目标的教学模式。它包括教学组织、内容、手段、评价等一系列信息化因素。在如今大数据、云计算、物联网等技术广泛应用的时代，信息技术与教育的深度融合已是大势所趋，运用各种技术手段的信息化教育教学模式正被探索和打造，并将成为教育教学的一种必要模式。

二、积分式评价及其有效性

教学评价是对教学过程中的教学行为和学生的学习行为及其效果进行价值判断的系统过程。传统的教学评价是一种终结性评价，忽略了评价的系统性和过程性，对所有学生都采取统一的标准。这种评价方式忽略了学生的不同偏好和需求。积分式评价是一种与终结性评价完全不同的形成性评价模式，是基于对学生学习全过程的持续观察、记录、反思而作出的发展性评价。在高职英语教学实践中，一直以来仍然以终结性评价为主，有些学校直接规定平时考核占比30%或40%，期末终结性考核占比70%或60%。

实际教学中，最有效的评价模式应该是既关注教学目标又注重教学过程。一项好的课程评价方案往往是若干评价模式与评价方法的有机结合，课程评价任务的完成是多种评价模式综合运用的结果。积分式评价正是这样一种综合的评价模式，注重教学评价的系统性和过程性，关注学生的个性化需求和职业需求。高职英语积分式评价的系统性和过程性主要指评价内容的系统性和评价时间的过程性。评价内容不仅包括高职英语课程内容本身，还包括学生的学习自律性和课堂参与度等。

三、高职英语信息化教学与积分式评价有效结合的要素

高职英语课程信息化教学与积分式考核模式相结合的教学模式由三个方面构成，即教学内容、教学方法和教学评价手段。

就教学内容而言，此模式注重将英语课程内容与学生所学专业及个人偏好相结合。教学内容既包含英语课程本身的知识和技能体系，也包含不同专业学生的需求，如计算机应用专业的学生可以选择计算机专业词汇作为自己的词汇板块学习内容，旅游专业的学生可以选择旅游专业词汇或旅游英语会话作为自己的学习内容。此模式兼顾学生的学习偏好，如果学生偏爱英语写作，其英语课程学习内容可包括额外的英文写作方面的知识技能；如果学生的目标是要参加专升本考试，其学习的内容可以选择专升本的相关内容等。

就教学方法而言，该模式运用信息化教学手段，通过信息化教学平台向学生提供大量的学习资料。学生可以根据需要决定并选择自己偏好的学习内容并利用信息化平台进行自主学习，使教学内容既有统一的课程内容，也兼顾学生的个性化需求，把课堂教学延伸到课外。这样，学生既能获得所需的知识技能，也能养成自主学习的习惯。同时，在教学过程中，学生可以通过信息化教学平台和手机 app 等提交、展示自己的学习成果，接受教师和其他同学的评价。

就教学评价手段而言，该模式采用综合性和过程性的积分式考核。有效的课程评价应该是综合性和过程性的，所以对学生的学习考查和记录也应是综合性和过程性的。教学评价不仅对教学内容和教学过程具有极其重要的导向性作用，还对学生具有激励作用，是教学中至关重要的一环。因此，教师需要细化本课程学生的积分获取规则和置换规则，就个性化学习内容及获取的相应积分与学生进行协商并达成共识。

学生在整个学习过程中可以通过多种途径获取英语课程的评价考核积分。第一，通过展现积极的学习态度获得积分；第二，通过参加各种课堂活动获得积分；第三，通过完成自己选定的个性化学习内容模块获得积分；第四，通过阶段性学习成果获得积分；第五，通过参加各种相关竞赛或其他课外活动获得积分。

假设课堂积分满分为 100 分，按照各个部分不同要求，设置积分数值如下：

课堂出勤20积分（20%）。高职学生的出勤率相对较低一直是让教师头疼的问题，出勤率能够反映学生的学习态度，有较高的出勤率才会有较好的学习效果，因此把出勤作为课程评价积分获取的必要途径之一是非常有必要的。学生的课堂出勤积分可定为占总积分的20%，笔者所在学校教学周为18周，英语课程每周2次，学生每次上课在手机app上通过教师设定的签到方式（扫描二维码、手势、现场拍照和位置定位等）签到即可获得0.5积分，学生一学期满勤可额外获得2积分的奖励，一共可获得20积分。如果课堂中出现迟到、早退扣除0.5积分，特殊情况通过履行学校规定的手续请公假和病假不扣积分，旷课一次扣除2积分。如果学生缺勤、迟到、早退过多，会导致因为出勤积分太低而无法获得本课程的必要考核积分，需要承担补考或重修本课程等后果。这种考勤积分占比方式，可以促使学生保证出勤率。

课堂活动40积分（40%）。课堂教学既是学生习得新知识的过程，也是其展示自主学习成果的过程，更是教师掌控和评价学生学习情况并进行师生互动的最佳时机。学生的课堂参与度会直接影响学习的效果，所以课堂活动积分占比最大。在课堂教学过程中，每节课分配一定的时间给学生展示上节课预留任务的完成情况或自主学习成果，根据自评和互评获2~3积分；对教师随机提出的与教学内容相关的问题，学生能够给出正确答案，则获得1~2积分；如果是讨论性问题，只要学生积极参与发表自己的观点，即可获得1积分。具体分值可由教师根据实际情况设置。在课堂教学过程中，充分利用信息化教学平台和手机 app 的各项功能，既能活跃课堂气氛，也能把学生的课堂活动积分实时记录在学生的课程积分档案中。例如，教师通过口头或手机 app 发布问题或主题讨论，学生可以通过 app 自行点击抢答或教师通过手机摇一摇随机选人回答。

课外自主学习 20 积分（20%）。课外自主学习内容分为两部分：一部分是教师布置的课后任务，包括完成听力任务、英语场景对话编写和操练、应用短文写作等。学生完成这部分内容后可在之后的课堂活动中展示，并计入课程积分；另一部分是学生根据自己的英语基础、个人偏好和需求等自主选择内容，学生自己选定内容后要先和教师沟通并达成师生契约，待学生完成后由教师根据契约验收学习成果并核算课程积分。学生在课外自主学习过程中遇到问题时，可以通过学习通 app 或其他线上方式与同学及教师讨论交流，经常提出问题或帮助解决问题会适当获得积分奖励。

阶段性学习成果测试 20 积分（20%）。阶段性学习成果测试可在期末进行，但它绝不等同于终结性评价考试，其积分占比不大，且形式灵活多样。过程性积分评价中，阶段性学习成果测评是可行且必要的，这既是学生展示其学习成果的一个环节，也是对学生学习过程的总结和反馈。测试形式也是多样化的，可由教师确定主题，学生线上或线下提交设计展示成果；或由教师预设情景，学生根据情景完成任务；

也可由教师根据课程学习内容和学生自主学习内容，在信息化教学平台发布个性化测试任务并评判其完成情况。

课外活动、竞赛或考取相关职业资格证书（置换 1~30 积分）。这部分内容灵活，有利于激励学生积极参与活动。各种活动竞赛和考证难易程度和重要程度不同，所以学生可置换的积分多少存在差异。一般参加系部相关活动和竞赛可根据发挥的情况和取得的成绩等情况置换 1~5 积分；参加学校相关活动和竞赛根据不同情况可置换 5~10 积分；参加省市级活动和竞赛课根据不同情况置换 10~20 积分；取得相关职业资格证书可置换 20~30 积分。

学生的课程评价积分可以通过良好的出勤情况和学习态度获得，也可以通过积极参与课堂教学活动、完成课程知识学习和技能训练来获得，或根据自身实际情况、发展需要和偏好等选定的学习内容获得，还可以通过参加课外活动、相关竞赛和考证等置换获得。教师充分利用信息化教学平台在整个学习过程中实时评价并记录学生英语课程的学习积分，使学生可以更直接、更全面地了解自己的学习结果。评价过程与教学过程同步，可以及时有效地发挥评价的激励作用，持续激发学生对英语学习的兴趣，使学生主观能动性得到充分发挥，极大地增强学生学习的参与感和获得感，还能充分发挥教学评价对学生的激励和引导作用，使评价成为高职英语课程教学体系中的有机组成部分，成为常规化、流程化和专业化的教学活动。同时，由于把学生参加各种相关考证、竞赛或其他活动取得的成绩按照规则置换成相应的课程评价积分计入学生的课程积分中，充分肯定和激励了参与和取得成果的学生，这也是对其他学生的一种鞭策和鼓舞，给学生指明了努力的方向。

四、高职英语信息化教学与积分式评价有效结合的初步教学实践

作为一名高职英语教师，笔者在教学实践中已初步应用了信息化教学和积分式评价相结合的教学模式。与传统教学模式相比，这一教学模式具有较好的教学效果。在教学中，笔者主要利用超星公司"学习通"教学平台和手机 app 进行教学，并利用这一教学平台建立每个学生的英语课程积分档案，实时记录和更新学生的课程评价积分，学生可以随时打开手机 app 查看自己的积分情况，在参与课堂活动或完成其他学习任务之后学生立刻就能看到自己的课程积分增加。

以采用信息化教学和积分式评价相结合的教学模式的本校医学护理系 2020 级护理专业四班为例，这个班学生人数为 73 人，其中女生 64 人，男生 9 人。2020 至 2021 学年度第一学期学习通平台记录的数据：出勤方面，旷课、迟到和早退，人均 0 次，仅有三人作为校学生会干部各请公假 1 次，2 人事假 2 次，3 人病假 4 次，均按校规履行请假手续；课堂活动参与率方面，学生课堂讨论参与率 90% 左右，课堂抢答参与

率50%以上；课外自主学习方面，开学之初，学生自主选择并和教师达成契约的学习内容完成率95%以上；课外活动、相关竞赛和考证方面，学生积极参加了学校英语角、英语演讲比赛和英语口语技能大赛等，一名学生在省级英语口语技能大赛中获三等奖，兑换课程评价积分15分。

可以看出，本课程通过采用信息化教学与积分式评价相结合的教学模式，有效解决了高职学生因自控力较弱及学习积极性不高等原因造成的出勤率较低的问题，极大地调动了学生参与课堂活动的积极性。通过自主选择并完成课外学习任务，培养了他们独立思考和自主学习的能力，激发了他们参加相关课外活动和竞赛的兴趣，为他们报考相关资格证书增加了动力，整体教学效果良好。

高职英语信息化教学与积分式评价的有效结合，就是借助信息化教学手段把教学过程和评价过程紧密结合起来，使学生的英语学习从课内延伸到课外的新型教学模式，它既有共性的知识和技能学习模块，也有满足学生职业和个体需求的学习内容。将评价积分贯穿学生学习的全过程，能及时有效地激发学生的学习欲望。这种信息化教学与积分式评价相结合的模式既有利于培养学生的英语技能和职业能力，也有利于提升高职院校毕业生服务经济发展的能力，值得进一步研究、完善和推广。

第四节　高职英语信息化学习效果评价

一、评价高职学生英语学习效果的方式

我国高职学生的英语学习效果评价方式还是以试卷为主，即期末考试的成绩依然是学生英语学习评价的主要依据。而英语考试大多是针对理论知识的笔试，加上适当的听力内容，无法全面准确地评价学生的学习效果。

二、英语信息化教学模式的应用

信息化教学模式是以建构主义理论为指导的教学设计。学生是加工信息的主体，而不是外部信息的被动接受者；教师是意义建构的引领者与督促者。建构主义理论认为学习环境包含四大因素，其中情境是教学设计的最主要内容之一，情境必须有利于学生对所学内容的意义建构；合作与对话是指学习过程中人与人之间的交流，学习小组的同学以及教师之间必须通过合作共同完成教学任务。所以，信息化教学模式就是以学生为中心，学生在教师设定的情境中，通过合作、对话等方式发挥自己的主动性和积极性，对目前学习的知识进行意义建构，并使用所学知识解决实际问题的新型教学模式。

在信息化教学条件下，教学设计的内容主要有以下几点：

一是教学方案的设计。包括教学目的分析、教学对象分析、教学方法与教学活动设计、多媒体的选择和分析。

二是学习材料。围绕课堂教学要求寻找各种教学材料，可以在网络上寻找相关的文本、声音和动画等。

三是学生作品展示。它可以促进学生的思维能力，展示学生的学习效果。

四是活动进程的案例。它可以依据学生的学习话题进行编写，能改善学生的学习效率。

五是评价学习过程的方式。如对学生作业的评价、学生活动记录的评价，这些可根据当时的情况作出相应的筛选。

三、学习评价设计要有利于学生多方面发展

课程考查是对于人才培养标准的一种检查方法，是教学中一个至关重要的环节。教师可以依据社会的要求、课程教学目的以及学生的需求对学习评价进行适当的改进，如可以通过课后布置的作业、课堂上学习的表现、第二课堂及课外学习活动等方面进行考核。有条件的学校也可以通过专门的英语学习网站对学生进行综合评定。

从评价主体看，还要重视学生的自我评定。学生本人最了解自己需要的知识和能力。

从评价内容看，要重视对学生实际英语应用能力、思考能力、可持续发展能力、语言表述能力和进一步研究的能力的评价。在信息不断更新、知识爆炸的时代，国家要求高职院校培养出全面发展的人才，而学生自身也要通过不断学习加强自身的能力来适应社会的高速发展，改进对能力评价的方式。

从评价反馈来看，信息化教学可以提升反馈效率。大学英语课程的教学评价包括学生在线提交作业的评价、网上在线问答、与教师邮件交流、在论坛上与教师和同学互动、教师对教学以及课程的评价等。考试是考查学生学习效果的最方便、最普遍的一种评价方式，学院可以在学院自己的网站上创建英语学习的各种材料库，包括英语考试题库和考试自测系统，这样对教师的教学和学生的学习都有一定的保障，使得教师和学生都对英语的教与学有了相应的了解。

结果性评价使学生过多地在意自己的考试成绩而忽略了学习过程，这种评价方法已经不能适应现在的教学需要。当前的教学评价要注意以下两点：

第一，评价对象要以学生为主。学习评价应该对学生的自我认识有帮助，能够让学生对学习充满信心，从而不断提高自己的英语水平。作为教师，要让学生了解自我评价对其英语学习能力发展的意义，让学生掌握自我评价的方式，使评价成为学生自我核查、自我分析、自我改善的一种学习经历。当然，这种评价不仅仅包含学生和教师，也应当把家长和学校等因素考虑进去，从而使评价结果更加客观真实。

第二，结果评价应与日常评价相辅相成。英语是一种语言，它需要学生通过平时的应用来提高自己的水平，从而促进学生的自我发展。结果评价重在选拔，过程评价方法灵活性强，两者都是评价的主要方法。

在日常教学中，教师要将教学和评价结合起来，不仅要改进教学方法，研究出适合学生的教学手段，还要能够促进学生的全面发展，充分发掘学生的英语学习潜力。

第五节 高职英语动态多元化教学评价体系的构建

根据国际上应用语言学和高等职业教育的研究成果，并结合高职英语专业与课程的特点，应积极制定课程评价标准并开展多元化的教学评价实践。在所有的专业课程中采取多标准、多目标、多内容、多形式、多方法、多主体、多过程的多元化评价方式，评价的主要目的在于对学生在教学过程当中所获得的语言交际能力、专业业务技能与能力、方法能力和社会能力进行评价，促进和激励学生持续学习，保证学生的就业和可持续发展需要。

一、高职英语专业多元化教学评价的理论基础

高职英语专业多元化教学评价体系的理论基础主要包括：多元智力理论、建构主义理论、后现代主义理论、英语应用语言学理论、国际职教职业能力理论。

（一）多元智力理论

长期以来，人们对于智力的理解仅限于智商理论和皮亚杰的认知发展理论。

这种传统的智力理论指出，智力是以语言能力和数理逻辑能力为核心的、以整合的方式存在的一种能力。随着人们对智力认识的不断深入，美国哈佛大学教授、发展心理学家加德纳于20世纪90年代提出的多元智力理论。加德纳认为每个学生都有可资发展的潜力，只是表现的领域不同而已。这就需要教师在以促进学生发展为终极关怀的参照下，从不同的视角、不同的层面去看待每一个学生。教师评价学生再也不能以传统的课程考试成绩作为唯一的标准与尺度。

（二）建构主义理论

建构主义理论对我们有益的启示是：教学绝不是教师给学生灌输知识、技能，而是学生通过驱动自己学习的动力机制积极主动地建构知识的过程；课堂的中心应该在于学生而不在于教师，教师在课堂教学

中应该是引导者、促进者和帮助者。教学评价也要体现学生的主体性，体现知识建构和使用的过程，体现学生的知识应用能力。

（三）后现代主义理论

在后现代主义看来，这个世界是开放的、多元的。在这个以创新为时代精神的社会里，科学技术日新月异，各种新鲜事物层出不穷，创新已经成为社会、个人发展的动力源。后现代主义以其兼容并蓄的宽容态度和尊重个性及主体性的宽广胸怀，给生活在这个世界中的每个人开放了生命的空间。后现代主义注重过程的思想、目的与手段统一的观点，认为个体是在活动的过程中得以不断的发展。后现代主义给课堂教学评价提供的新视野是：教学不应该把学习者视为单纯的知识接受者，而更应将学生看作知识的探索者和发现者。因此，课堂教学不仅要注重结果，更要注重过程。再从教学本体论的观点来看，活动是教学发生的基础。基于师生共同活动之上的课堂教学评价对学习者来说，其功能在于在促进学生充分发挥主体能动性，积极地参与教育教学活动的基础上，促进下一步教学活动的有效开展。所以，课堂教学评价的目的在于激励和促进教学，而不在于选择和判断。

（四）英语应用语言学理论

刘润清认为语言的使用是一个动态的过程，各种知识、技能和心理过程交织在一起，相互影响、相互作用。巴赫曼认为语言交际能力由语言能力、策略能力和心理生理机制三个部分组成。在这三个组成部分中,语言能力由一系列的具体的语言知识组成;策略能力指在具体的语言交际时运用各种语言知识的心理能力,它是语言能力通向现实世界的桥梁,是将语言知识运用于交际目的的手段;心理生理机制则指把语言交际看作一种物理现象(如声音、光等),运用语言交际时所牵涉到的神经和心理过程。

(五)国际职教职业能力理论

科技的进步和经济全球化的发展趋势要求高等职业教育必须从狭窄的职业技能教育转向综合素质教育,重新审视能力观。按照现代职业教育的观点,职业能力,亦称为关键能力、职业活动能力或从业能力等,由三大部分组成,即专业能力、方法能力和社会能力。其中,方法能力和社会能力与特定的、专门的职业技能知识无直接联系,是一种可迁移的跨岗位、跨职业的工作能力。专业能力作为基本生存能力,在强调专业的应用性和针对性的同时,还应包括对新技术的接受和理解力、职业的适应能力、质量意识、经济观念等职业能力。方法能力指人们收集信息、独立学习、解决问题、制定计划、决策、质量控制和管理等方面的能力。方法能力要求科学的思维模式,是人的基本发展能力,是劳动者在职业生涯中不断进取的重要手段,也是职业教育培养创新精神和创业教育的具体呈现。社会能力指人们与他人交往、合作、共同生活和工作的能力，包括工作中的人际交流、劳动组织能力、群体意识和社会责任心等，强调积极的人生态度、对社会的适应性和行为的规范性，也是培养受教育者情商的重要手段。

英国的职业教育评价体系认为，职业能力是一个复杂的概念，它有着多种维度，仅仅对学生进行纸笔测验或者考查学生的部分操作水平是不能充分证明学生的能力的。能力大多隐藏在多种外部表现的背后，故必须有不同的评价人员参照对应的评价标准，利用多种途径和方法，在不同时段对学习者或学生进行多次观察、评价与测试分析，才可能对职业能力进行多维度的准确评价。

二、高职英语专业多元化教学评价体系的特色

（一）多元化教学评价体系具有科学性和先进性

高职英语专业课程教学评价体系的构建与实践，基于现代应用语言学与高等职业教育的科学研究以及国际上先进国家的教学实践，因而具有科学性和先进性。多元化教学评价已经成为各国教学评价的发展方向，成为评价教学质量和学生水平的重要策略。

英国职业教育和美国的多元化教学评价强调评价内容与方式、方法的多元化，评价参与者的多元化，评价目标与标准的多元化，其实质是全面、真实地评价学生的潜能和学业成就，以提供教学改进信息，

促进学生的全面发展。英国、美国等世界上不同国家多年的教学实践表明：多元化的教学评价切实可行，并将成为未来教学评价的主要方式。

（二）多元化教学评价体系具有独创性和实用性

英语专业课程教学评价体系的构建与实践借鉴了英国国家职业资格（NVQ）和英国通用国家职业资格证书系统（GNVQ）评价体系的先进思想和理念，以我国高职英语专业课程的教学体系为基础，并结合我国高职教育的特点和学生的实际设计出具有国际水平和中国特色的高职英语专业教学评价体系。该体系将评价标准与评价要求融入教学，将教师、学生、社会专业人员、能力认证与评价机构融入评价体系，在我国高职英语专业课程教学中独树一帜，具有独创性和示范性。该体系以学生为中心，注重人性化和个别化教学，注重学生专业知识、专业技能、专业综合应用能力和学生可持续发展能力的培养，注重学生的职业意识、社会意识和国际意识的培养，能够将专业知识与技能的习得与社会需求和学生的未来发展紧密结合，使学生能够做到所学即所用，因此具有极强的实用性。

（三）多元化教学评价体系具有规范性和透明性

高职英语专业课程教学多元化评价体系根据专业培养目标、专业能力构成以及课程教学大纲，并参照NVQ和GNVQ中详细具体的能力评价标准，对每一课程模块的能力标准作出说明。该标准是教学双方的规范性教学文件，是教学的指导方针和教学目标。学生要达到评价目标，须出示相关的能力评价证据，以展示专业知识、技能和能力。评价标准的制定使得学生和评价人员在准备评价和进行评价时有"法"可依，使评价由传统上对抽象知识的考核、考试变成了看得见、摸得着而且易于操作的互动过程。由于能力标准预先予以明确给出，因此，学生和任课教师及评价人员都事先了解要评价什么，应达到什么标准，这样就增加了评价工作的透明度，也增加了评价工作的公平性、公正性和可操作性。

（四）多元化教学评价体系具有连续性和系统性

高职英语专业课程教学评价具有连续性、形成性的特点，学生学习与工作能力的评价或者评价证据的累积都是在连续的评价过程中进行。这种连续的过程评价属于形成性评价，强调在一定的期限内连续地收集不同的证据以判断被评价者的能力。该连续评价形式为评价人员和教师、学生提供学习的连续的成功与失败的反馈信息，便于评价人员和教师、学生发现问题、纠正失误、强化成功，便于激励学生保持持续学习的积极性，保持持久的学习兴趣。该评价体系涵盖高职英语专业课程中英语语言类、专业类和综合技能类所有课程，每门课程又根据单元内容制定了相应的符合教学特点的评价标准。所有的任课教师必须接受多元化教育评价思想、评价标准、评价方式与方法方面的培训，在此基础上灵活运用多元化评价开展教学。可以说，该评价体系已经形成了一个完整的体系。

我国高等职业教育的目标是培养具有专业能力、方法能力和社会能力的高等职业技术人才，提高民族的竞争力。由此，高职院校必须针对不同的职业能力开展有针对性的、有激励性的、行之有效的评价策略，积极开展多元化课程评价，以有效地促进学生的学习、实践和创新发展，保持学生的学习兴趣和学习动力，提高学生的英语交际能力、专业业务能力、学习研究能力、团队合作能力、社会活动能力等可持续发展能力，保障学生实现就业和人生发展的双重目标，培养成功的高等职业技术人才。

第七章 高职英语教育展望

第一节 高职教育体系的完整发展

21世纪,随着社会的转型、产业结构的调整、科技发展的日新月异,社会经济的发展对实用人才的急迫需求会日趋消除人们对高职教育的偏见。高职教育不仅会赢得应有的社会地位和尊重,而且会突破现存办学层次,驶向更大规模、更高层次发展的快车道。

一、高职教育与世界接轨

在新时代,我国高职教育将完善专科、本科,甚至研究生的多层次办学体系,构架起高职教育的"立交桥"。高职是高校的一个重要类型,它应该和"以学术为目的"的普通高等教育一样并存于专科、本科、硕士各层次教育中。在我国已形成这样的体系。

我国许多专家把高等职业技术教育的培养目标定位是"技术型人才"。那么,按照不同职业岗位对技术型人才要求的水平,可以在专科、本科、硕士不同层次培养。

高职教育高端化首先在联合国教科文组织颁布的《国际教育标准分类（新版）》中得以权威性认定，这对于我国高职教育突破目前单一的专科办学层次具有积极的推动作用和参考价值。将原来第五层次的教育类型（即不授学位的大学专科层次）调整为包括大学专科、本科及所有除博士学位以外的研究生课程在内的"高等教育第一阶段"，而在类型上细分为A、B两类。A类为普通高等教育，B类为高等职业技术教育。我国高等职业教育显然可归于新标准的第五层B类教育。依据新标准，高等职业技术教育已突破了原来大专层次的限制，可以有大学本科至研究生层次。

另外，我国高职教育的发展必须与国际接轨，在职业技术教育开展得早而较为成功的国家，相继建立了专科、本科兼容的职业教育的较完整的体系。而且高等教育的这种高移化还在进行。职业技术教育总的趋势是朝着综合化方向发展，以适应技术的不断发展和社会转型的需要。我国高职教育应积极借鉴世界各国高职教育发展的成功经验和模式，顺应时代的发展，提高办学层次，构建完整的、与世界接轨的中国高职教育体系。

二、办学层次提高是我国经济发展的需要

高职教育单一的培养专科人才的办学体系使高职教育难以获得应有的地位，给高职的发展带来一系列问题，也不能满足我国迅速发展的

社会经济对实用人才的新的要求。因此，高职院校办学层次的提高不仅势在必行，而且指日可待。高职教育的大力发展，也得到了国家的大力支持。另外，需求是发展的动力。现代社会分工越来越细，对人才的需求也是多类型的。为迎接全球经济一体化和知识经济的挑战，我国工业化水平将进一步提高，生产科技含量将进一步增加，随之而来的便是对生产和管理第一线的专门人才（特别是高新技术产业及第三产业的人才）的需求加大，其文化、知识素质的要求也会相应提高。我国发展本科职业技术教育的目的也是为了适应目前和将来经济与社会发展的需要。

我国高等职业教育起步较晚，但时代赋予它极好的发展机遇。随着改革和发展的深入，高职教育将趋于内部结构合理、学制齐全、体系完整。高职教育"立交桥"将构架完成，将为培养现代化建设急需的第一线应用型技术和管理人才作出更大贡献。

三、高职办学层次的提升与英语教学

不久的将来，随着高职教育办学层次的提升与办学体系的逐步完善，高职本科英语教学将在高职院校展开。这一变化将给高职英语教学带来新的动力和机遇。同时，也将给高职教育带来了前所未有的挑战。高职院校应该未雨绸缪，及早就高职院校如何开展英语教学进行研究和探讨，以便集思广益、群策群力，为高职英语教学迎接更大的挑战做好准备。

高等职业技术教育是培养面向生产和服务第一线的高级技术及管理的应用型人才。高职教育属于能力为本的教育，它是为学生将来就业或创业做准备的教育。高职英语教学作为高职教育十分重要的一部分，应该服从和服务于高职教育总的培养目标。鉴于目前高等职业技术教育仅为专科层次，国内教育界把高职高专英语视为一类，为专科层次英语，但对高职高专英语是一种独立的、和本科类型不同的教育已达成共识。普通高等专科英语课程指导委员会根据专科的人才培养目标把高职高专专科英语界定为专门用途英语分支下介于学术英语和职业英语之间的业务用途英语，在国家的宏观指导下制定了《高职高专教育英语课程教学基本要求》（以下简称《基本要求》），强调"实用为主"，着力培养应用能力。在注意语言共核教学的同时，侧重一般语言交际和涉外业务应用能力的培养，改变了以往重基础轻应用、先基础后应用的模式，创立了以英语应用能力为核心的实用英语课程教学模式。

对于高职专科英语来说，《基本要求》的制定意义重大。因强调"实用为主"，着力培养应用能力，高职英语开始有了自己的特色，有了一个统一的要求来规范教学。不仅如此，它对以后的高职本科英语教学也具有重大的参考意义和实践价值。随着高职教育的快速发展，高职教育人才培养的规格会上移至本科甚至研究生层次。但这样的层次依然是实用型的特色而非学科型的特色。高职英语强调"实用为主",这应是贯穿高职专、本科层次英语教学的一条主线。首先,这是因为无论何种层次英语教学原则,都必须服从于高职教育培养应用型人才的总体目标。在高职本、专科英语教学中都必须强调英语应用能力的培养。其次,这也是和整个外语教学改革、发展的大方向是一致的。外语教学的研究和发展已经使人们认识到了过去外语教学对学生运用能力的忽视所造成的恶果。外语教学重理解轻表达、重知识轻应用的倾向必须纠正。另外,从社会语言学的角度来看,语言是人们社会交际的工具,应用性强是最根本的特征,任何层次的语言教学不应脱离语言这一基本属性。但当高职办学层次的提高,高职教育人才规格上移、学制变长,生源及社会需求都发生变化后,原制定的《基本要求》用于本科英语教学时显然是需要调整的。"实用为主"的指导思想在高职本、专科英语教学中应毫不动摇地坚持,但照搬普通高等教育院校学术型本科英语教学模式或者一成不变地执行《基本要求》都是不可取的。因此,高职院校及相关教师应该在如何使学术型本科英语与高职英语特色适当地结合、交叉方面进行深入的研究。

问题的另一方面涉及高职专科英语强调的"够用为度"问题。"够用为度"即专科英语教学中基本理论教学以够用为度,目标不在于去完整掌握英语语言的框架或整个体系,而在于把它应用于实践中。这样的目标对于层次需要提高的高职英语仍具积极的指导意义。但是，专科层次的"够用"和本科层次上的"够用"，显然也是有所不同的。过去人们用本科教育的要求来要求专科教育，人们认为是不恰当的；反过来，专科教育的要求完全照搬于高职本科教育，同样也是不合适的。高职本科英语在"够用为度"的调整方面，要达到"够用"，除了教学中主要突出实用，强调以学生的练为主，在培养学生应用能力方面下功夫外，为保证学生能练和练好，教学中应适当加大语言基础的理论教学。但不能喧宾夺主、矫枉过正，高职英语教学始终应以培养学生实际运用英语能力为目标来开展。如何使高职本科英语在专科英语和普通本科英语中找准自己的定位和发展自己的特色将是一个重要的课题。

除高职英语的界定以及教学要求的调整外，高职院校还面临着其他亟待解决的问题，如教材问题。教材反映一定的教学目标，是体现教学目标的具体措施，也是高职英语教学改革的重要手段。高职办学层次提高后，面临着几种选择：①照搬现有的本科教材用于高职本科。②先用专科教材，再用本科教材，两者结合。③自编高职本科英语教材。前两种做法有着显而易见的弊端。生搬或变通的做法都有不适合或不能完全适合高职本科英语教学之处，也不适用于高职教育新的人才培养规格和目标。笔者建议编写具有高职特色的本科英语教材。但理论上的指导依据必须先行，如高职英语的界定及教学要求问题必须首先解决。另外，编写教材是一个浩大的工程，即使有充分的编写理论依据、原则和指导思想，在短期内编写出具有高职特色的高质量教材也并非易事，完成后也需要一个试用、修改和完善的过程。同时，配套教材如听说、词汇及语法练习册、阅读练习也须相继编出。为了提升高职英语教学，这项工作十分必要，应该及早进行相关研究与准备。

高职本科英语在高职院校展开后，还面临着高职本科英语教学质量评价的问题，即是否有必要建立有别于学科型院校的高职本科英语教学评价体系。测试是对教学质量进行检测的必要手段。目前，用于检测学科型院校大学本科公共英语教学的水平考试为英语四、六级考试。用于检测高职高专英语教学水平的考试为高等学校英语实用能力考试，分A级和B级。由于这种考试制度的实行给高校英语教学引入了目标管理的机制，推动了英语教学改革，使本、专科教学日益规范化。它不仅促进了大学英语教学质量的提高，也在社会上产生了深远的影响。所以，类似大学英语四六级的考试，无论是对我国大学英语教学的发展还是在我国整体英语水平的提升方面，都具有积极的意义。考虑到大学英语四级考试的社会认可度和高职学生日后的就业问题，升格后的高职院校似乎应该把大学英语四级考试作为对高职本科英语教学质量的检测。这可能是高职院校师生的愿望，也是升格后高职院校目前最可能的选择。但长远来看，这种选择值得商榷。大学英语四级考试属通用英语类考试，主要用于评价学科型院校大学本科公共英语的教学水平和测验学生的一般语言技能，即听、读、译和写的能力。高职院校总体培养目标和学科型院校的总体培养目标是不一样的，它培养的是应用型人才，而非学术型人才。高职英语强调"实用为主"，着力培养应用能力。以大学英语四级考试这种水平考试测量学生是否达到了高职英语教学的基本要求指标，把它作为检测和评价教学效果、教学质量的标准，并把其反馈作用作为高职本科英语教学提高教学水平、进行教学改革的重要依据有待商榷。

第二节　高职英语教学模式和评价方法

一、高职英语教学模式概述

高职英语，作为高等职业教育体系中的关键组成部分，承载着培养学生英语语言技能、跨文化交际能力及职业素养的重任。随着全球化进程的加速和教育改革的深化，高职英语教学模式也在不断地探索与创新中，力求更加贴合时代需求，提升学生的综合竞争力。传统教学模式，如讲授法、语法翻译法等，曾是高职英语教学的主流。这些方法强调语言知识的系统传授，注重语法规则、词汇记忆和句型练习。讲授法通过教师直接讲解语言知识，帮助学生构建语言框架；语法翻译法则通过母语与英语的对比，加深学生对语言结构的理解。然而，这些模式往往忽视了语言的实际运用和交际能力的培养，导致学生虽然掌握了大量语言知识,却在实际交流中显得力不从心。随着教育理念的转变和技术的进步,高职英语教学逐渐转向以学生为中心,强调实践应用和个性化学习。高职英语教学模式正处于不断探索与创新之中,旨在通过多样化的教学方法和手段,培养学生的语言技能、职业素养和跨文化交流能力,为经济社会发展输送高素质技能型人才。

二、自主学习模式的发展与高职英语教学

随着高职英语"3S"教学模式(以学生为中心、注重学法导向、追求实效保障)的推广,"以学生为中心"的教学观将更加深入人心。课堂将不仅仅是传授、学习知识的地方,更将是培养能力的一个双向的、互动的场所;而互动的核心目标是交际能力以及跨文化交际能力的提高。在现代化的教学手段逐渐普及、语言教学走向多媒体教学的新时代,对学生能力的培养和加强将愈来愈多地通过多媒体的使用和网络教学来实现。传统的教师讲、学生听的模式将逐渐被新的教学模式所取代。其中,自主学习中心模式将会应运而生。在这种模式中,教学班级将为自主学习中心所代替,教师将负责中心的教学,但这种教学已不是传统意义上的教学。学生一人一台电脑,自主学习。教师的作用是咨询、辅导与组织适当的群体交际活动(如讨论或者辩论)以及期中或期末考试。学习者通过电脑操作,可以选择不同的学习内容、不同的学习步骤,控制学习进度。

自主学习是一种新的教学模式，可以在课堂内进行，也可以在专门的自主学习中心或其他地方进行。近年来，我国的院校相继成立了以英语为主的自主学习中心。在中心里有各种各样放置有序的学习资料，包括书籍、磁带、录像带和光盘等；有引导学习者如何使用这些资料的辅导系统，如能显示学习者所需内容的标题、位置和语言等级的计算机目录；中心还可通过提供附加作业、答案和其他辅助材料等手段帮助学习者有效地使用资源；中心通常有值班教师为学习者提供各种辅导。它集教室与图书馆的优势于一体。学生一方面可以尽享丰富的辅导学习材料，又享有学习的主动性；另一方面，又有教师有计划有组织的辅导和帮助。利用中心资源，学习者自己确立学习目标、学习内容、评价学习进度和成效等技能的培养，学会独立自主地学习。

自主学习模式充分体现了"3S"教学模式的"以学生为中心"的教学思想，一方面尊重学习者的学习风格；另一方面鼓励学习者逐渐脱离对教师的依赖，其理论基础是认知心理学和人本主义心理学。认知心理学家认为，学习者的学习过程是一个积极的参与过程，如他们可以有选择地吸收信息，作出假设、比较和说明，重新构建信息的含义并将新信息融于已知的知识，以供将来使用。语言学习的任务就是要尽量给学习者提供机会，验证各种假设，运用他们已有的知识，大胆地使用语言进行交际。人本主义心理学家强调成人学习过程中自我观念和情感因素的重要性。他们认为，语言教学应注重有意义的交际，尊重和重视学习者，把学习当作实现自我的一种形式。在决策过程中给学习者一定的权利，让教师站在促进者的位置上营造并保持一种良好的课堂气氛。同时，不忽视其他学习者的协作作用。这两种理论都强调，在语言教学中要以学习者为中心。

运用语言进行有效的交际，不仅仅是对语言字符的破译，还涉及意义的协商，因而需要学习者具有处理未知信息的能力。学习者只有发展这种能力才能参与到交际活动中去，逐渐提高外语水平。因此，要有效地提高外语水平，最终须依靠学习者广泛地、自主地使用目的语。人们已经认识到，课堂的语言教学不仅仅是注重目的语的演示和操练，同时要加强学习者在课内外所需的学习技能和策略的培养。高职学生通过自主学习，能充分地发挥认知主体的作用，他们可以根据自己的基础或根据教师和计算机提出的建议，自主地选择各自的学习策略。学生学习英语的过程不再是一个被动接受的过程，而是一个主动参与的过程。这将促进学生内部心理过程的优化。这种心理过程与优化的外部刺激互相作用，就能使学生在学习英语的过程中根据自己的特点获得不同的成就。

自主学习中心可分为六种模式，即学习中心、撤离中心（意为离开教室进入中心）、序列学习中心、随时进入中心、自我指导中心和学习资源中心。根据高职英语教学现状，在高职院校引入学习中心和资源中心，使课堂成为研讨会更具现实意义，而且不少院校已具备或将具备建立中心的物质条件。学习中心可作为课堂教学的有力补充，中心内学习资料要针对课堂教学内容；教师帮助学生解决课堂教学的疑难点，为他们选择合适的学习材料，并给予学习策略、技能发展等方面的指导。学生可复习、扩展教学内容，独立完成作业，利用中心资源自主学习。而学习资源中心的学习完全是自主学习。在该中心，学生知道如何获取学习资料和选择适合自己的学习策略，他们利用中心内多样的学习材料在中心或中心外开展自主学习。

当今社会，科技日新月异，一个人的知识结构必须不断更新。随着现代知识经济的发展和社会对高职学生英语能力要求的提高，更应倡导"英语终身学习"观念，使终身教育的观念深入人心。英语学习是不断积累、不断应用、不断提高的过程，对任何人来讲，包括高职学生，这是一个无止境的过程。在信息时代，各类新知识、新事物层出不穷，英语的新词汇不断涌现。高职学生只有根据工作、生活需要主动学习，知道怎样去探索信息、选择信息、管理信息和分析加工信息，不断地调节学习内容和方法，才能不断地提高英语应用能力，在未来的竞争中跟上时代前进的步伐。而自主学习的形式对于高职学生个人适应环境、适应变化及创新能力的培养至关重要。随着现代化的教学手段的开发，特别是多媒体网络等高科技在高职院校的日益广泛的运用，将为高职学生开展自主学习提供十分有利的物质条件和环境。因此，在未来的岁月中，自主学习的模式必然会引入高职英语教学并蓬勃发展。

从以上讨论可见，在高职院校建立自主学习中心意义重大。它将改变高职英语教学中的许多弊端，如教师包办学生学习，学习内容、进度、教材的使用、成绩的评定都由教师一统天下的情况，学生作为学习主体的地位将得以进一步提升。高职英语教学将更具开放性，更趋人性化。学生的语言需求、学习风格和策略将进一步得到重视和发展。高职英语教学重能力培养的观念进一步提高，为之服务的教学手段实现现代化。学生在课内、课外将享受前所未有的语言输入量，使用语言的机会和场所将大大增加，语言学习环境将更优化。学生英语学习将由"要我学"逐渐变为"我要学"。学生独立性、创造性学习的能力将大大提高，这无疑会使他们受益终身。人们相信，未来的高职英语教育特色将更加鲜明，将是由多媒体课堂教学、网络教学和自主学习中心构成的一个全方位的新教学体系。

三、高职英语测试评价向多元化发展

未来的高职英语教学在教学内容、教学方法、教学手段方面实施重大改革的同时，英语教学中另外一个重要的组成部分——测试的改革也势在必行。未来的英语测试将更为科学，更加符合教育原理。总体来说，形成性考核比例会加大，终结性考核比例会减小。一方面，评价将更好地发挥诊断和指导教学的作用；另一方面，未来的英语测试将会激发学生的学习动力，使学生在不同的学习阶段均能获得一定的成就感，更好地发挥其促进学生学习的积极性的作用。

目前，高职英语测试存在着一些亟待解决的问题。第一，对听说能力的测试考查重视程度不够。第二，普遍存在轻平时测试、重阶段考试，特别是期末测试的现象。往往仅用一套测试题和单一测试成绩来衡量学生的英语水平。第三，考试题型随意性大，客观题偏多，主观题偏少，在语言测试题型、语言测试的质量指标方面缺乏研究。现有测试评价既不能全面地衡量学生的学业水平，也缺乏科学性。想要改变这一状况，高职院校英语测试就应该增大对听力考试的比重。

随着我国经济的发展，对外交流、合作日益密切。高职英语"实用为主"和"强调语言技能的培养，突出实际运用"的要求，不仅仅反映在阅读水平和翻译能力上，还应该愈来愈多地体现在对外交流所必需的听说能力上。另外，考试"一次定终身"的局面必须彻底打破。学生性格差异、智力因素、学习风格、兴趣爱好要得到充分尊重。英语测试期末考试成绩比重应下降，学生突击复习、看重期末考试的观念将淡化。在原有基础上成绩的增长将在评定学生进步方面受到越来越多的重视。因不科学的考试方式造成学生失落、自信心大减、积极性丧失、创造性被扼杀而导致潜能难以发挥的局面将大大改观。高职英语测试总的发展趋势应是考试与考查结合、开卷与闭卷结合、独立完成与小组讨论结合、考场上完成与考场外相结合、笔试与听力、口试相结合，平时测试与期末考试相结合，主观题与客观题相结合（减少客观，增大主观），测试语言知识和运用能力的技能相结合。

通过对测试的进一步改革，高职英语测评将更为开放化、多元化和科学化，从而在促进高职英语教学改革、提高教学质量方面发挥其应有的作用。

参考文献

[1] 季舒鸿, 王正华. 高职英语教育理论研究与实践探索 [M]. 合肥: 安徽大学出版社, 2012.

[2] 李小蓉. 高职英语教育理论研究与实践探索研究 [M]. 长春: 吉林科学技术出版社, 2019.

[3] 王风丽. 高职英语混合式在线教育的实践探索 [M]. 长春: 吉林大学出版社, 2016.

[4] 王志勇, 孙怀湘. 新世纪华北高职教育发展战略研究 [M]. 北京: 地震出版社, 2001.

[5] 杨海霞, 田志雄, 王慧. 现代高职英语教学研究与实践探索 [M]. 长春: 吉林人民出版社, 2019.

[6] 吴宝明. 高职英语"三教"改革理论研究与实践探索 [M]. 南京: 河海大学出版社, 2020.

[7] 陆艳艳. 产教融合背景下高职专业英语实践教学研究 [M]. 青岛: 中国海洋大学出版社, 2023.

[8] 钱红, 潘永惠, 杭建伟. 十年求索: 高等职业教育研究论文选

（2002—2012）[M]. 上海：文汇出版社，2012.

[9] 段晓青. 基于职业能力培养视角的高职英语教学模式改革研究[M]. 长春：吉林人民出版社，2020.

[10] 老青，江洁. 文科高职英语教育教学研究[M]. 北京：北京语言大学出版社，2014.

[11] 李凯. 高职通识教育英语阅读教程[M]. 西安：西北大学出版社，2019.

[12] 曹深艳. 高职商务英语专业合作育人模式研究与实践[M]. 北京：北京理工大学出版社，2013.

[13] 李全文，王晓琼，朱立平. 高职教育热点问题探讨[M]. 成都：电子科技大学出版社，2015.

[14] 高美云，罗春晖. 基于职业能力培养视角的高职英语教学模式改革研究[M]. 长春：吉林人民出版社，2018.

[15] 张君安. 创办一流教育的理论与实践探索：第9辑[M]. 西安：陕西人民出版社，2011.

[16] 张燕. 增值评价在高职学前教育专业"教师英语口语"课程教学中的探索与实践[J]. 广东教育，2023(7)：31-35.

[17] 谢俊良. 高职英语课堂中的德育教育探索与实践[J]. 时代人物，2020(33)：374.

[18] 杨秀芳. 人文素质教育在高职英语课程中的探索与实践[J]. 北

京印刷学院学报,2019(A1):54-56.

[19] 陈明洁. 教育生态视域下高职公共英语教学改革的探索与实践 [J]. 职业技术教育,2021(5):32-36.

[20] 周华侨. "四位一体"教学法在高职英语教学中的应用:评《高职英语教育理论研究与实践探索》[J]. 当代教育科学,2020(2):2.

[21] 张静,施德群. "互联网+教育"背景下高职专业英语教学模式探索与实践:以会展专业英语为例 [J]. 河北职业教育,2021(2):61-65.

[22] 崔怀荣. 劳动教育融入高职酒店服务英语课程的实践探索 [J]. 知识窗(教师版),2023(10):48-50.

[23] 孔艳君. 创新创业教育导向下高职商务英语专业课程体系建设的探索与实践 [J]. 英语教师,2018(1):126-128.

[24] 刘娟音. "3+2"高职教育英语教学两段式衔接的实践与探索 [J]. 产业与科技论坛,2016(9):166-167.

[25] 曹阳. 高职英语教育专业实践教学模式的探索 [J]. 沈阳工程学院学报(社会科学版),2012(3):411-413.

[26] 尹鹭蕾. 教育信息化背景下高职英语教学改革与实践探索 [J]. 英语广场(学术研究),2023(17):113-116.